catch

catch your eyes ; catch your heart ; catch your mind……

旅跑日本

TRAVEL RUNNING!

日本

歐陽靖寫給大家的跑步旅遊書

我們是愛跑又愛吃的旅跑者

健美黑珍珠 王麗雅

最近這幾年路跑活動在台灣真的很流行，讓很多原本不運動的人對於跑步徹底改觀，除了跑得健康開心，也跑出了很多人的人生新方向，我自己就是一個很好的例子。也是因為跑步才跟靖認識，同樣都是處女座的我們，都愛跑又愛吃，我們的初半馬都是在舊金山完成的，所以都知道離開家鄉出國跑步的感受。這本書把馬拉松跟旅行做出完美的結合，跑者需要遵守一些自我規範，才能得到另一種自由，旅者也是。以前走馬看花的旅遊形態已經滿足不了我們，除了好吃、好玩、好逛，更要好跑，拿個完賽獎牌回家的成就感，無國界！

世界在腳下，能跑趁現在

江湖跑堂會長 江彥良

第一次遇到阿靖，是在日本靜岡馬拉松的前夜祭上，我們很開心的喝著啤酒，交換海外馬拉松的參賽心得、相談甚歡，我們都不是職業選手，只是喜歡旅行、喜歡用跑步的角度來欣賞這個世界，而日本馬對跑者的熱情與友善，無疑是台灣跑者跨出海外，用跑步來感受世界的第一站。日本馬拉松究竟有什麼魅力？為什麼台灣會成為日本馬拉松海外跑者中人數最多的國家呢？只要你翻閱一下阿靖寫的《旅跑・日本》，從字裡行間可愛又貼心的賽事叮嚀，與相片中滿溢的跑者熱情，相信你一定能理解，而且恨不得馬上行動。這些年，江湖跑堂跑過了許多國家，也跑過了日本的東京、大阪、京都、那霸、霞浦、靜岡，有些地方雖然跑過兩次以上，但每一次都有不同的感受與感動。馬拉松旅行的方式有千百種，這當中最有趣的無疑是旅行的夥伴，第一屆京都馬拉松，江湖跑堂也成立了小小的走破隊，行前由魔力毛跑堂計畫了豐富的深度旅遊，早餐要到哪裡喝什麼、中餐要吃哪一家的麵，統統按圖索驥，感覺上好像走了好幾場馬拉松！世界在腳下，能跑趁現在，屬於你的世界走破之旅，就從《旅跑・日本》展開吧！註：江湖跑堂每位跑堂都有一個名號，魔力毛皆是走跳江湖的名號。

生命馬拉松的靈魂補給

街頭路跑創辦人 胡杰

一口氣看完，雙眼都是眼淚。四十二公里是快樂，也是由無數汗水與眼淚堆積而成。在有限的生命中，每次四十二公里都彌足珍貴，你的每次選擇都決定了生命風景，你有機會透過選擇改變自己的生命。不只是一場賽事，而是讓你再活第二次。歐陽靖的聲音是當代跑者的心靈共鳴，這本書更是用生命體驗的海外跑步護身符。擁有了這本書，街頭路跑將展開一連串的日本馬拉松之旅，感謝靖哥！我們已經迫不及待踏上那四十二公里滿滿都是加油人潮的跑步聖殿，給自己一場靈魂補給。

世界有多大，跑了才知道

部落客跑者 馬克媽媽

如果你喜歡跑步，這本書會讓你看見跑步的世界有多大，如果你喜歡旅遊，這本書會讓你徹底顛覆以往的旅行方式，如果你喜歡跑步也喜歡旅遊，我想你早就已經預購這本書了吧！歐陽靖，我心目中的跑步傳教士！受她影響，我跑了幾場海外馬，每場賽事都會找她傳授經驗值，而她總是能把自己的經驗精闢地畫出重點來，讓我第一次海外馬就順利上手，不用羨慕我，你現在手上已經有這本無敵的日本馬拉松攻略了！

「如果你想留下感動一生的回憶，就到國外跑一場馬拉松。」這是我參加二〇一四年東京馬拉松後的感想，42.195 公里不單單只是挑戰體力，也是一場人生濃縮旅程，歡樂、感動、煎熬、痛苦各種滋味交融著，直到現在許多賺人熱淚的畫面還歷歷在目，不只被別人感動也被自己感動。「我擠不出時間出國跑步！」「海外馬要花不少錢，我錢不夠多……」以上現實又不爭氣的對白我全說過，參加一場海外馬拉松如同擬定人生的目標，需要規劃、籌備，不過值得慶幸的是，每場海外馬拉松報名到賽事當天，有超過半年以上時間讓你做足準備，繳出報名費的那一刻，莫名的動力會推著你開始練跑、存錢、擠出時間，其實參加一場海外馬拉松並不難，只要你願意開始。

為什麼應該去日本跑馬拉松

奧運馬拉松國手 張嘉哲

日本馬拉松最重要的特色其實就是「以人為尊」，處處小細節都是以「人」的需求作為出發考量，例如歐陽靖所提到的零缺點東京馬拉松，正是「以人為尊」的重要代表性賽事。從開始出發按照報名成績時間分組，避免人群過度擁擠，也能防止跑得較快的選手撞到速度較慢的休閒跑者。而路線都以城市知名景點來設計，讓休閒跑者能大飽眼福，但路線的坡度也相當適合競技運動員創造佳績。

運動賽事講求的是公平競爭，但台灣卻忽略了每一位「人」，只求收益最大化。也正因如此，我們更需要到日本參加馬拉松，除了享受完善的馬拉松賽事，更從中學習馬拉松精神與同理心，有朝一日也期待全世界的跑者都嚮往來台灣參加馬拉松賽。

Contents

Tokyo Marathon

Okinawa Marathon

東京馬拉松。

沖繩馬拉松。

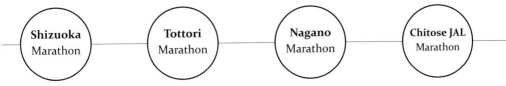

Shizuoka Marathon　Tottori Marathon　Nagano Marathon　Chitose JAL Marathon

身為跑者，
你一定要去日本跑馬拉松。

無論多資深的馬拉松跑者、甚至超馬跑者，必定都會記得自己的「初馬」，也就是人生中第一場完成的全程馬拉松賽事，對初馬跑者來說，這 42.195 公里往往比想像中艱辛許多，那種喘息、筋肉緊繃的炙熱之痛⋯⋯每跨出一步，腳底都像有針在扎⋯⋯每一滴汗水與淚水都會被放大成心中最深刻的記憶。跑完初馬之後，許多人會選擇放棄，再也不挑戰長距離賽事，但有些人的大腦卻會把完賽時的感動覆蓋住身體曾承受的苦痛，然後一而再、再而三的參加馬拉松⋯⋯我想，我就是後者之一。

我的初馬於二〇一三年三月完成，地點在日本名古屋，賽事是「名古屋女子馬拉松」，在此之前的一年半，我尚是個連一公里都跑不完的「運動白癡」，但沒想到經過勤奮而踏實的自主鍛鍊，十八個月後，我居然佇立在全世界最盛大的純女子馬拉松賽事的起跑線。若要說起我為什麼會將「名古屋女子馬拉松」作為自己的初馬？其實應該要提的是我之所以會開始跑步，的確是與「日本」有很大的淵源。

二〇一一年，日本東北發生了毀滅性的重大天災「三一一大地震」，或許地震與海嘯並未徹底摧殘民眾的堅強意志，但福島地區的「核災」卻成為日本人心中永遠的痛。在核災爆發之後，日本反核聲浪前所未有地崛起；其中一些具有社會影響力的名人更是登高疾呼反核，包括世界知名的大作家村上春樹先生。在這段期間，有不少民眾開始採用「跑馬拉松」的方式來推動反核理念，並鼓勵世人莫忘「記取傷痛、永不放棄」的長跑精神，這運動熱潮很有可能是受到資深跑者村上春樹的影響，也可能因「馬拉松」本來就是日本的國民運動。比起其他運動賽事，「馬拉松」那種自我挑戰極限、鍛鍊意志、無關輸贏的精神，更符合日本人的民族性，就與「劍道」、「茶道」一般，馬拉松也是一種「道」，它是自我內心的修鍊。

二〇一一年底，我因摯愛驟逝，經歷了一場人生中很大的低潮，當時的我意識到自己必須徹底改變、必須要成為一個堅強的人，而那時因工作接觸的日本人長輩高橋盾先生正熱中於馬拉松，高橋先生心中帶著反核意識而跑，他也因長跑而開拓了不一樣的世界。他對長跑的熱情令我好奇不已，甚至影響了當時茫然失落的我……進而毅然決然告訴自己：「我要將『完成42.195公里的全程馬拉松』作為人生目標，無論要花上十年、二十年都沒關係！只要每天問心無愧地努力鍛鍊，一定能在有生之年跑完！」結果一年半之後，我便完成了自己的第一場名古屋女子馬拉松。

說起「日本人對馬拉松的狂熱」著實令人震懾，名古屋女子馬作為一場參賽者高達萬人的大型全馬賽事，即使只開放女性跑者參加，名額還是在短短兩天內就被搶報完畢，之後甚至必須改為抽籤制度。當時台灣女性族群才剛開始時興五公里的短程

趣味路跑，有跑過全馬的演藝人員光用手指都數得出來，但日本演藝人員卻可以做出「前百人成績順位列表」……全馬成績在兩個半小時、三小時的男女藝人一大堆；由此就足見台日兩地對於長跑的熱中度差異。除此之外，日本也拿過幾面奧運馬拉松金牌，更是全世界繼肯亞、衣索比亞之後馬拉松成績最好的國家之一，野口水木、澀井陽子、高橋尚子三位女跑者都是世界馬拉松排名前十大的優秀女子選手，她們的成績是台灣、甚至世界上大部分國家有史以來皆無任何女性可以達成的兩小時十九分。就因為日本長跑運動員的成績優秀、為國爭光，練長跑又剛好很符合日本人的民族性，所以馬拉松順理成章成為日本人的國民運動。

作為我的初馬，名古屋女子馬拉松這場賽事因為「完跑禮是 Tiffany 項鍊」而知名，但實際上對我而言最吸引人的地方，是與這些看來柔弱的女孩一同跑在賽道上的感動……每一個女孩都承受著身體的巨大痛苦，卻依然努力而堅強；狂奔過終點之後我立即嚎啕大哭，那一份自我成就的圓滿感動覆蓋過一切辛苦，引領我正式踏入馬拉松的世界。自此之後，我因緣際會認識了一些日本的傑出跑者，包括在台灣拿下多次東吳超馬冠軍的關家良一先生，他的自傳作品更是成為我想往前邁進一步的動力。二〇一四年，我報名參加了貴為「世界六大馬拉松（Big Six）」之一的東京馬拉松，那是我的第二場日本馬拉松賽事，完整的大會規劃、熱情的民眾、高水準的參與跑者、感人的氣氛……就因為幾乎毫無缺點，讓東京馬拉松被世界跑者讚譽為「零缺點的完美賽事」，我也因此開始著迷於參加日本的路跑活動。

在日本跑馬拉松，你會發現幾個特點：

一、大會規劃非常完整，尤其是那些掛名城市的大型賽事。

二、民眾超級熱情，常有賽事會見到蔓延整整 42.195 公里的加油民眾，而且不會因交通路權被影響而有所微詞。

三、跑者很有禮貌，不隨地丟垃圾、不衝撞、不擋路，還會互相幫其他跑者加油。

四、賽事氣氛悠閒，完全不具「肅殺感」……但其實跑者水準非常高！即使非菁英跑者也很少有人會懶散步行，自行棄賽。

另外，在日本常常見到跑者完賽後回頭向終點線行九十度大鞠躬禮，這代表了跑者的感恩之心，日本跑者認為，如果不是有老天爺、工作人員、加油民眾的幫忙，自己無法成就這場賽事，這份「盡力與感恩」的精神，是很難在其他地方的馬拉松賽事成為主流的。

我真心認為，如果你是一位跑者，或是你尚未參加過馬拉松、但對其很有興趣的話，都一定要計畫參加日本的馬拉松賽事。日本是個「田徑國家」，他們對跑者非常支持與尊重；當台灣電視新聞完全不報導田徑賽事、台灣民眾對我們的田徑運動員完全沒有認知的時候……日本全國舉家大小卻守在電視機前關注「箱根駅（驛）傳」路跑接力賽。對喜歡跑步的人來說，在日本跑步是無比幸福的，除了氣候適宜之外，還有社會風氣的支持。沒有人的初馬是不辛苦的，但我很感恩自己的初馬能在日本完成，氣溫十三度、平坦的賽道、溫馨感人的氣氛……這些都讓我的初馬變得甜美多了。

這幾年我非常熱中於「海外馬」，也就是將「跑步」跟「旅遊」結合在一起，藉著報名參加海外的馬拉松賽事，不但能貼近了解當地的風土文化，還能給自己一個吃喝玩樂的好理由。我給自己取了一個稱號，叫「旅跑者」，不是單純的「旅人」，也不是單純的「跑者」，而是邊旅遊邊跑步、以跑步為目的而旅遊的生活實踐者。在台灣也有很多「旅跑者」前輩，他們跑過世界各地的大小賽事，而我現在所做的就是加入這個生活風格之列。如果你是個馬拉松跑者，你一定要嘗試去跑場海外馬，體會與台灣截然不同的風情；海外馬的選擇可以從鄰近的日本開始，完美的跑步國家就在隔壁，我們何需遠求？

Nagoya Women's Marathon
名古屋女子馬拉松

全世界最盛大的純女子全馬、完賽禮是 Tiffany 項鍊

舉辦日期 —— 每年三月。

起跑地點 —— 名古屋巨蛋。

全馬終點 —— 名古屋巨蛋。

賽事組別 —— 全程馬拉松 42.195 公里女子組。

大會時限 —— 全程馬拉松組七小時整。

官方網站 —— womens.marathon-festival.com

參賽人數 —— 全程馬拉松女子組一萬人、全程馬拉松海外女子組一千人。（二〇一五年資料）

報名方式 —— 1. 網路報名抽籤：前一年九月開放報名抽籤。
2. 旅行社代辦報名：不須抽籤就可保證參賽，但有名額限制。

費　　用 —— 全程馬拉松女子組：一萬五千日圓。

賽道難度 —— 路面平坦，為 IAAF 金牌賽事，很適合跑出好成績，也適合女生當作初馬。

關 鍵 字 —— Tiffany 項鍊・女生全馬・Nike 主辦優質賽事。

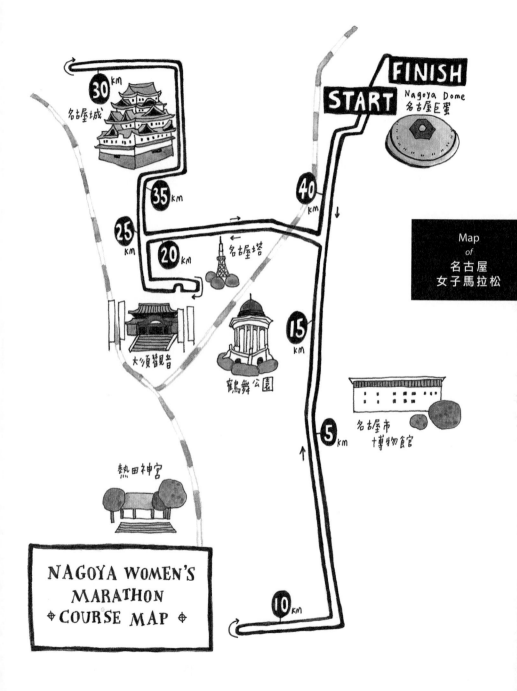

參加日本馬拉松的注意事項

- 在起跑前通常必須將個人物品寄放至「寄物處（手荷物預けエリア）」，等到過終點之後再行領取。而「寄物處」會在起跑時間前就關閉；有的是起跑半小時前、有的是十分鐘前，每個大會規定都不太一樣。因此，跑者提早到起跑處集合後，最好先去寄物，免得因太晚了無法寄物。

- 日本人的時間觀念非常嚴謹，也因此在日本參加路跑賽一定要「守時」。通常日本的馬拉松大會都有「關門時限（閉鎖時刻）」或是「分段關門點（第N關門）」；請跑者們務必要注意大會公布的關門時間。如果沒在時間內通過就無法繼續參賽了。日本大部分大會都是嚴格執行，連慢個一秒鐘都不能放水。

- 日本跑者絕對不會亂丟垃圾，所以到日本參加馬拉松賽也別亂丟垃圾！香蕉皮、能量膠包裝、紙杯……等等請丟在補給站附近的垃圾桶，不要隨手扔在路邊。如果真的找不到垃圾筒，可以交給賽道旁的加油民眾，他們通常都會樂意幫你代丟垃圾，也記得要說聲「謝謝」。

- 日本跑者絕對不會隨地便溺，即使必須大排長龍，他們也都會乖乖花時間排廁所。在日本找棵行道樹隨地小便是大忌！千萬不可以這麼做！如果大會流動公廁太多人在排隊，找派出所（交番）或餐廳、店家借廁所都可以。

- 若你跑得較慢，請乖乖閃到賽道一旁，免得擋到後面速度較快的跑者。日本跑者很有禮貌，不會衝撞；所以若有人被擋住、賽道又不夠寬，就會造成嚴重的「塞車」情形。

- 雖然大會準備的補給食物通常很充足，但跑者們還是盡量只拿一份就好了，免得後到的跑者沒東西吃。

- 有些大會在不同組別的賽道分流處並沒有英文標示，只有日文片假名，所以跑者要特別注意自己的組別路線方向！例如靜岡馬拉松就曾有台灣人是參加十公里「ファンラン」組結果跑到馬拉松「マラソン」組的賽道……最後不但變成跑了四十二公里，而且還沒成績……

- 日本非常多跑者有「回頭向終點線」鞠躬的習慣，那是代表一種感恩的心；感恩大會、感恩工作人員、感恩加油民眾、感恩老天爺……就是因為有眾人的幫忙，自己才能完成這場賽事。這是一個非常好的美德，建議旅跑者們到日本跑馬拉松時，也可以學習如此的精神。

- 日本對台灣非常友善，如果應援民眾知道你是台灣來的，甚至會得到更大的加油聲，所以請不吝帶著國旗在身上參賽，或是以各種形式告訴大家「我來自台灣」。

42km

10km

東京
馬拉松。

TOKYO
Marathon

傳說中「零缺點」、貴
為「世界六大馬拉松」
之列的金牌賽事。

東京馬拉松最大的特色
之一，就是充滿了精心
扮裝的當地與國外跑者，
這絕對是世界六大馬拉
松之中最歡樂的賽事！

東京マラソン

舉辦日期 —— 每年二月（前一年八月之前會公布下屆比賽日期）。

起跑地點 —— 新宿東京都廳。

全馬終點 —— 台場國際展示場。

賽事組別 —— 全程馬拉松 42.195 公里成年男女組（含輪椅組）、十公里殘
障與輪椅組。

大會時限 —— 全程馬拉松七小時整。

官方網站 —— www.tokyo42195.org

參賽人數 —— 全程馬拉松組三萬五千五百人、十公里組五百人（二〇一五
年資料）

報名方式 —— 1. 網路抽籤／八月一日到八月三十一日期間至官方網站登
入報名資訊，九月下旬會公布抽籤結果，中籤的人要在十
月中旬繳費完成報名。（中籤機率約是百分之十一，但外國人的中
籤率會在百分之二十以上。）

2. 旅行社代辦報名／不須抽籤就可保證參賽，但有名額限
制。

費　　用 —— 全程馬拉松組：日本人一萬零八百日圓、外國人一萬兩
千八百日圓。

十公里組：日本人五千六百日圓、外國人六千七百日圓。
（二〇一五年資料）

賽道難度 —— 路面平坦，為 IAAF 金牌賽事。

關 鍵 字 —— 歡樂・感人・零缺點

東京馬拉松的簡介與歷史

History *of*
TOKYO Marathon

東京馬拉松或許是台灣跑友最熟悉的國外賽事之一，總數達三萬多名的跑者裡面，來自台灣的跑者往往就占了近兩千人！東馬之所以會如此受到台灣跑友歡迎的原因，不外乎它是「世界六大馬拉松」中唯一位於亞洲的賽事；而比起中籤機率極低的倫敦馬拉松（London Marathon）、高參賽標準的波士頓馬拉松（Boston Marathon），東京馬拉松也算是六大馬之中最「容易」參加到的賽事。除此之外，東京馬拉松獨特的「嘉年華」氛圍與極完美的路線規劃、順暢的賽事流程等等，也讓東馬被國際跑者們冠上「零缺點賽事」的美名。

我在二〇一四年參加了東京馬拉松，這一年氣候特別寒冷，二月中旬東京都內白雪皚皚，讓參賽者們一度擔憂比賽狀況會受影響……但即便大會當日依然在降雪，卻完全無損現場熱情高亢的氣氛！無論是精心扮裝的跑者、在路旁捧著巧克力為大家加油的小朋友……都在在展現出東馬「歡樂」與「溫馨」的最大特色！而大會規劃之流暢也令人折服。東京馬拉松賽前的 EXPO 博覽會，是全世界數一數二盛大的國際大型馬拉松博覽會；在這裡你可以買到贊助商推出的限量商品、參與體驗活動，整場博覽會逛完將耗時數小時以上，內容豐富卻完全不混亂擁擠。既然如此完美，想當然耳，東京馬拉松也是 IAAF 評鑑下的金牌賽事，每年都有許多菁英選手在這平坦的賽道上創下個人最佳成績。路線行經新宿、皇居、品川、銀座、淺草、築地、台場。跑完這 42.195 公里，就等於遊覽了東京各大知名景點，足見主辦單位規畫之用心。

與其他各國具代表性的路跑賽事相較之下，在二〇〇七年才展開第一屆的東京馬拉松算是個很新的賽事，但卻於二〇一三年快速晉升為世界六大馬拉松之一……其魅力可見一斑！身為跑者，東京馬拉松絕對是一生之中必定要參加的賽事！

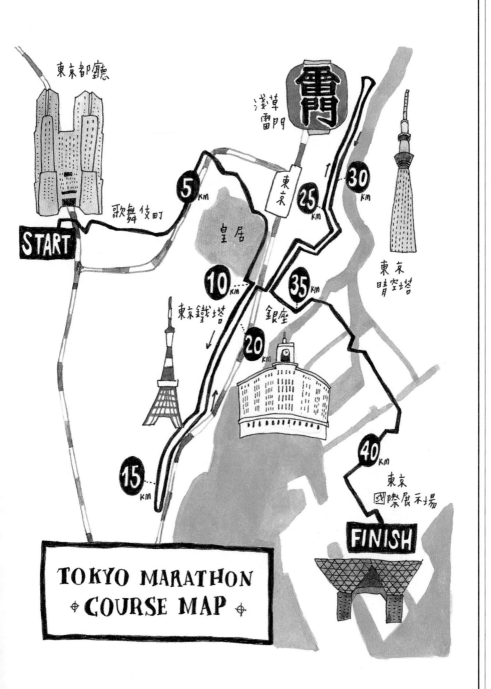

這位大哥背著沉重的低音喇叭邊走邊吹奏，他會到沿路的加油民眾身旁吹奏一曲。也應該只有在東京馬拉松才能看見「跑者反過來替民眾應援」的感人畫面。

程巽凱

四十七歲，來自台灣台北市，「Rest & Run 活力廚房」跑步餐廳老闆

Q─你為什麼會想參加「東京馬拉松」？

A─第一次參加東京馬拉松，是為了完成人生的初馬。那年的東京馬剛好升級成世界六大馬拉松之一（二○一三年），是送給辛苦訓練的自己，一份很棒的禮物。

Q─你覺得「東京馬拉松」的賽事有什麼特色？

A─東京馬是離台灣最近而且最大規模的國際馬拉松。住在起跑點旁的京王飯店裡，早餐的時候可以看到各國的參賽選手，每個都有多年訓練出來的完美身材，讓人有一種好像進到奧運選手村的夢幻錯覺。

Q─你在參加「東京馬拉松」的過程中有發生什麼有趣的事？或是令你難忘的事件？

A─二○一三年那次，前一天晚上吃了油脂豐滿非常好吃的照燒雞肉飯糰。代價是在長長的隊伍中排隊等廁所，也體會到在馬拉松賽中蹲廁所是件多麼痛苦的事（二十八 K 處淺草寺前五百公尺、駒形左手邊巷子裡的流動廁所旁邊，有個陪了我十分鐘的「假面一號」一比一人形，值得多花兩分鐘去拍個照）。

Q─用一句話（二十字以內）形容「東京馬拉松」吧！

東京馬拉松，
一場能完成好多夢想的賽事！

趙育頡

三十歲，來自台灣台北市，地政士

Q─你為什麼會想參加「東京馬拉松」？

A─因為初馬是很重要的，所以在賽事上挑選了很久……剛好二〇一三年抽到籤，而且東京馬是出了名的高品質賽事，所以當一抽到籤，便決定初馬就是東京馬了！

Q─你覺得「東京馬拉松」的賽事有什麼特色？

A─無限歡樂，整體的規劃也好得沒話說。

Q─你在參加「東京馬拉松」的過程中有發生什麼有趣的事？或是令你難忘的事件？

A─由於我的穿著是國旗裝，在跑的時候日本跑者或是大會人員都非常禮遇，讓我覺得很感動！

Q─用一句話（二十字以內）形容「東京馬拉松」吧！

無限歡樂
而且會讓你想一直跑下去的馬拉松！

Johnson

三十七歲・來自台灣台中市・財務

Q—你為什麼會想參加「東京馬拉松」？

A—因為是六大馬拉松之一，評價是「跑者人生一輩子不跑一次；就不算跑過馬拉松」的賽事。

Q—你覺得「東京馬拉松」的賽事有什麼特色？

A—歡樂的氣氛、熱情加油的日本民眾、豐富的補給、誇張又可愛的變裝嘉年華秀……完美的賽前、賽中、賽後規劃，以及讓人放心的交管。跑到最後一公里會捨不得跑完的賽事、跑到終點會眼眶泛淚的感動賽事。

Q—你在參加「東京馬拉松」的過程中有發生什麼有趣的事？或是令你難忘的事件？

A—會參加東京馬拉松除了喜歡它的熱鬧氣氛外，二〇一三年、二〇一四年很幸運的連續兩年中籤！二〇一四年雖然沒有第一年的新鮮，但是卻有個一定要達成的目標……就是在比賽中要跟靖哥合照！對，沒錯，這是我二〇一四年東京馬除了順利完賽之外的小小夢想！賽前從 FB 確認靖哥的服裝，然後是從 H 區出發，我陪朋友從 J 區出發，盤算好時間大概在十到十五 K 可以追到，所以很認真的邊跑邊四處掃射靖哥的身影……結果十 K 過去、十五 K 過去……都還沒看到……心裡默默嘀咕：靖哥今年怎麼跑得那麼快？不管了，還是全力衝！我一定要追到！沿路享受民眾的熱情、連綿不絕的加油跟豐盛的補給……最後衝線了，成績居然破四！託靖哥的福讓我不小心達成另外一個目標！

Q—用一句話（二十字以內）形容「東京馬拉松」吧！

只有幸運兒才能參與，也是全世界最感動、最熱鬧的嘉年華賽事！

1　　路途經過東京主要幹道、景點的
東京馬拉松，四十二公里沿途都會有
民眾在熱情地喊著加油！跑者們也沒
忘了一一揮手回應！跑東京馬拉松時
如果還戴耳機聽音樂，就太可惜了。

2　　跑一跑怎麼看到前方有小偷
呢？別跑啊！沿路上的民眾卻都
在為這位「小偷先生」加油，大
家紛紛喊著：「小偷加油！趕快
跑啊！」

3　比較「資深」的阿宅應該會認識這隻吃錢的怪獸，能穿成這樣跑完四十二公里實在是不簡單的一件事！他還在背後寫上「徵求女友」……但怪獸除外。

4　既然是日本的代表性賽事，當然少不了裝扮成動漫、電玩人物的跑者們！這群瑪利歐兄弟會沿路將氣球分送給小朋友，讓整場大會賽事充滿溫馨氣氛。

5　台灣新店真武山受玄宮的三太子也來跑東京馬拉松！三太子神尊重達二十八公斤，卻也在時限內順利完跑四十二公里，不愧為台灣之光！

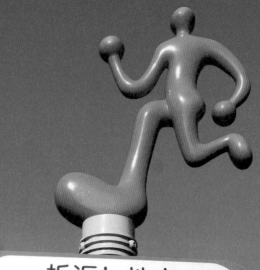

折返し地点
Turnaround Point

5 km コース
course

臨海副都心ランニングコースマップ
Tokyo Waterfront City Running Course Map

阿靖哥的東京馬拉松
私房旅遊攻略

日本東京是我最熟悉的外國都市，前前後後去了不下二十次、也曾因工作關係在澀谷一帶小住了一段時間；但說起我對東京最特殊的情感依存點，無非是二〇一一年十月的那一夜……那夜我剛失去摯愛的貓咪「譚大寶」，在悲傷、思念與茫然的沉重情緒相伴之下，我獨自於東京南青山一帶無目的地跑著……當晚氣溫攝氏五度，飄著小雨，汗水伴隨著淚水滴落令我的視線變模糊，但過去一切就像跑馬燈一般顯示在我的眼前……拄著拐杖的爸爸、曾因憂鬱症而羸弱的自己、離開這個世界的朋友、媽媽對我義無反顧的支持與鼓勵、抱著譚大寶時那種溫暖而柔軟的感受……我逐漸從潸然淚下轉為嚎啕大哭……這時，我想起一句曾在書中看到的名言、出於奧運金牌得主 Emil Zatopek 之口，他說：「如果你想跑步，跑個一英里就好。如果你想體驗不同的人生，那就跑場馬拉松吧！」

就在東京的那一夜，我這個曾失去身體與心靈健康的「運動白癡」，卻決定以「跑馬拉松」作為人生的目標；也從此展開了自己的嶄新人生。是的，一切就是從東京開始的。

我與跑團 Amazing Crew 的成員們一同參加了二〇一四年的東京馬拉松！用雙腳重新認識這個我所熟悉的城市！

因工作而獨自住在東京的那段日子，曾讓我誤以為這兒是個紛擾、冷漠的都市……沒想到，我居然就在此邁向了全新的人生道路！

雖然有著特殊情感，但東京對我來說總是沒那麼美好，步調過快、市中心過度喧囂、民眾遵循禮節；甚至到了冷漠的程度……但驚人的是，東京馬拉松的動人氛圍會讓你完全忘掉這一切！無論你已經參加過多少場世界各地的馬拉松大會，相信你身處在東京馬拉松的跑道上依然會覺得無比感動！整整 42.195 公里的路途中，沒有一處無人在替跑者喊加油！許多來自台灣的跑者會在身上配戴中華民國國旗，甚至直接穿上國旗花紋的上衣；而一旁加油的日本民眾看到了，總會用日文或中文喊著：「台灣加油！」

二〇一四年東馬當天我的身體狀況很不好，到了後半段只能拖著沉重的雙腿前進，喪氣地完成一步是一步。但就在路線約莫三十五公里處、寬闊的台場四線車道外……我看到遠方有位年輕媽媽牽著小朋友的手站在路邊；小男孩見到虛弱的我，居然用盡力氣大喊：「姊姊加油！」……我頓時傻了一下，然後立即打起精神向遠方的小男孩揮手致意：「我會加油的！」……我永遠忘不了那媽媽與小男孩聽到我回應後的笑容！瞬間被注入滿滿元氣的我，隨即邁開步伐奔向終點！過了終點線之後，每位發放補給品的志工們都是滿懷笑容地奉上香蕉與食物；他們會用雙手替跑者披上大毛巾、戴上完跑獎牌……然後真切地說：「您辛苦了！（お疲れ！）」

天啊！你怎麼可能不為東京馬拉松而感動？

東馬當天，Amazing Crew 的一位隊友身體不適，他本來打算「看能跑到哪就盡力跑到哪」……沒想到，我居然在四十二公里處的終點線前遇到背著隊旗的他！他說：「氣氛太感人了！全場都在替我加油！所以不知不覺就忘記身體的痛苦跑完了！」

東馬沿街的加油民眾不只東京當地人，甚至來自全日本！這兩位女孩來自德島，她們特地穿上了傳統服飾來替跑者加油。

一位東馬跑者在背後寫著：「今天，我
們得到了數以百萬計的加油聲；明天，
讓我們把這些加油聲分享出去！」……
這就是東京馬拉松的精神啊！

跑著跑著⋯⋯突然聽到震天鼓聲！原來是有太鼓陣加油團
在替跑者們應援！這節奏非但激勵人心，還相當具有日本
傳統特色，我與許多來自國外的跑者們都忍不住駐足觀賞。

平坦的賽道坡度、專程繞遍知名景點的路線、熱情的志工與民眾、有秩序有水準的參賽跑者、超充足的官方與民間補給（許多民眾會自費準備補給品供跑者食用，有巧克力、蛋糕、壽司，甚至還有東京媽媽自己煮的味噌湯！）……無庸置疑的，東京馬拉松絕對是場完美賽事，但如果硬要雞蛋裡挑骨頭地舉出缺點，我想只有「天氣太冷」這一項吧！與其他各大國際馬拉松賽事相比，東馬的起跑時間偏晚（早上九點起跑），但二月的東京都即便在正中午，也還是只有攝氏十度左右，如果遇上融雪更是只有個位數！這氣溫對大部分台灣跑者來說都稍嫌辛苦；也因此，一定要以慢速起跑、做足暖身運動，才能有效避免運動傷害！

東京馬拉松還有一個很大的特色，就是嚴格的「分段關門制度」。台灣大部分的馬拉松、路跑賽都只有一個「總關門時限」（例如台北馬拉松的時限是五個半小時）；即使有分段關門制，也不是分得很細，可能只有除終點外再多加一、兩個關門閘口，但東京馬拉松卻是每隔約五公里就設有一個關門點！由於賽道繞經數個重要景點，為了維持東京都內的交通正常運作，東馬大會便動員了更多人力去嚴格管制分段閘口；跑者若沒在規定時間內跑到下一個閘口，便會立即失去資格。

「總關門時限寫的明明是七個小時啊，我以為只要慢慢跑就好了……結果起跑後我一直停下來拍照跟上廁所，沒想到在十公里左右就莫名其妙被關門！然後日本工作人員就對我說不能再跑了……」曾遇過一位挑戰初馬的台灣跑友如此告訴我，這還真的是「殘念（日文「可惜」的意思）」啊……

其實大家也無須緊張，如果你每公里都能在九分鐘內跑完就不會被關門，而九分速即使是初馬跑者也可以輕鬆完成；只是若要停下來上廁所、拍照的話，就可能得稍微趕點路囉！這大會制度雖然麻煩了點，卻是能讓所有跑者飽覽東京景點、又不會過度影響交通的好方法。分段關門時間在東京馬拉松的官網上可以查詢到，每個閘口都設有醫護站；如果真的不幸被關

在路線必經的知名景點「淺草雷門」前拍照是一定要的！但速度較慢的跑友可得記好下一個閘口的關門時間喔！要不然白白被關門就太殘念了……

門了，或是身體不舒服決定棄賽，請聽從醫護站人員與志工的指示在原地等候，會有回收車來把跑者載到終點；千萬不要到處亂趴趴走，造成工作人員的困擾喔！

因為貴為世界六大馬拉松之一，慕名而來的外國跑者當然為數眾多；而東京市民似乎也把握了這個機會好好來做「國民外交」。日本人本來就喜歡在酒酣耳熱之際與陌生人搭訕聊天；東馬期間若到居酒屋用餐時被問到：「你是哪裡來的？」別忘了不吝回答：「我是台灣人，我是來跑東京馬拉松的！」……你可能會得到店家或其他顧客招待的啤酒喔（個人經驗）。跑過這麼多場國際馬拉松，若要問我最推薦台灣人參加的一場賽事，我想絕對是東京馬拉松莫屬；不但距離台灣不遠、交通方便、飲食習慣合宜，東京馬拉松更是適合所有類型的跑者。如果你想突破 PB、跑出個好成績，被 IAAF 評選為金牌賽事的東馬擁有平坦的賽道與低溫的氣候，還可以跟來自肯亞的國際一流選手，或日本當地的田徑好手一較高下！若你是初馬跑者當然也很棒，九分速的關門時限不但讓人沒什麼壓力，沿途還都有超熱情的加油民眾在為自己打氣！又如果你跟我一樣，是個想將跑步與旅遊結合在一起、用「旅跑」去體驗一個城市的跑者兼旅人……繁華炫目卻極具文化深度的東京，絕對是令你一生難忘的旅跑經驗。

記得在東馬慶功宴上，當天才剛跑完馬拉松、全身都還很痠痛的朋友們卻一致大喊：「我明年還要再來跑一次！」

在東京馬拉松期間，我與來自世界各地的跑友們在東京相聚！有倫敦、哥本哈根、香港、東京當地的跑友……大家都是特地為了馬拉松而來到這裡，可見東馬的魅力有多大！

1　因為氣溫很低，在起跑點等待時會覺得冷，所以要預先準備「暖暖包」或「拋棄式雨衣」，起跑前穿著或帶在身上，等起跑後身體熱起來了，再丟棄至沿路的垃圾桶裡。

2　要注意關門時限不是「總時限」的七個小時，而是九分速（每公里九分鐘）！每五公里就設有一個「分段關門點」，只要時間到了，就不會再讓跑者通過閘口，一秒不差、非常嚴格，因此中途若有去上廁所或因故停留就要趕路了。

3　一定要在衣保袋裡放件厚外套，甚至是更換用的上衣！因為從終點「台場」回到「新宿」（住宿點）需要一段車程，因此最好跑完後先在會場內換上乾的衣服、預防冷到！東馬的衣保袋就是在 EXPO 領取到裝著號碼布與贊助商物資的那個袋子，不需另外購買。衣保袋寄物處在新宿都廳起跑點附近，請依編號指示寄物；跑完終點之後就可以立刻拿到自己的袋子了。

阿靖哥的東京馬拉松 參賽提點

4　上廁所的時候一定要排隊，不可以隨地便溺！也一定要維持廁所的整潔，即使是流動公廁也一樣（台灣跑者一定會驚訝於東馬流動公廁的整潔程度！）日本跑者很守秩序，所以排廁所必然會花不少時間。

5　民間與官方補給品都很好吃，但是別拿太多，留點給別人吧，尤其民間補給品可都是東京民眾們自掏腰包準備的呢！

6　因為日本人對台灣非常友善，所以很推薦台灣跑者穿戴中華民國旗在身上，你會得到更大的加油聲！對體力有信心的話，也可以扮裝（Cosplay）參加，反正天氣很冷，扮裝也不會熱。

我跑著跑者⋯⋯看到前方
怎麼有位「巨人」（日本
漫畫《進擊的巨人》中的
角色）⋯⋯！？追上他才
發現，他是特地扮裝來參
加東馬的台灣跑者！

TOKYO Marathon

旅跑行程
安排建議

如果想要參加東京馬拉松；又能順道觀光、吃喝玩樂……你可以照阿靖哥的
建議這樣規劃你的「旅跑」行程！

東京很大，每一區又各有特色，但對東馬跑者來說有兩個地點將是重點地區，
一個是「新宿」一個是「台場」。東馬的起跑點在新宿都廳（東京市政府前），
所以建議所有跑者都在這兒的飯店住宿，才方便比賽日早上提前到起跑點集
合。另外台場國際展示場則是東馬 EXPO 的所在地，跑者會來這裡領取衣保
袋、號碼布、參觀博覽會，所以也可以順道安排瀏覽台場地區。

東京馬拉松的比賽日是「星期日」，反正日本與台灣只有一小時時差，不需
特別去適應，所以安排於前一天或前兩天到達東京即可。當然越早抵達準備
時間越充裕，但如果你沒那麼多假期、只能在星期六從台灣出發，請記得務
必要選擇早上就抵達東京的班機！這樣才有時間至台場國際展示場 EXPO 領
取號碼布與衣保袋！況且東京馬拉松的 EXPO 非常精彩豐富，還有很多限量
商品可以購買……所以星期六一定要預留整個下午的時間在此。至於完跑當
天也最好先留在東京，好好休息、慶功、喝一杯！翌日再搭乘飛機回到台灣。

當然以下的行程安排建議並不是什麼「深度旅遊行程」，也沒有辦法完全飽
覽東京各地特色；但對為了參加東京馬拉松而來到此地的「旅跑者」而言，
卻是兼顧效率又不會太傷體力的旅遊規劃喔！

效率！

沒假期的忙碌跑者最短行程建議

三天兩夜

星期六
1　早上抵達東京機場。
2　中午前在新宿的飯店 Check in，在新宿吃午餐。
3　下午搭乘「都營大江戶線」到「汐留」轉「百合海鷗線（ゆりかもめ）」至「國際展示場」站，或是「JR 山手線」到「新橋」轉百合海鷗線，東京馬拉松的 EXPO 就在國際展示場內。
4　沒時間就坐「百合海鷗線」回市區，但如果有力氣，回新宿前還可以去台場 Diver City 看一下夜間的鋼彈，並在那裡吃晚餐。或是從「台場海濱公園」站搭乘水上巴士（水上バス）到淺草，然後步行或轉車至「東京晴空塔」站，上瞭望台欣賞東京夕陽美景。

星期日
1　馬拉松比賽日。
2　跑完下午回新宿飯店盥洗，然後去吃慶功大餐。要就近慶功的話，可以選擇「新宿歌舞伎町──」附近的居酒屋，或是到新宿西口「思い出横丁」內吃燒烤。

星期一
1　自由安排購物行程、買藥妝，坐飛機回台灣。

推薦！

順路玩透透的阿靖哥推薦行程

五天四夜

星期五
1　早上抵達東京機場。
2　中午前在新宿的飯店 Check in，在新宿吃午餐。
3　下午先到「明治神宮」參觀；然後去「代代木公園」來場五公里的調整跑。跑完可在「原宿」、「表參道」一帶買東西、吃東西，也可順便去澀谷看看那全世界最有名的十字路口（位於忠犬小八「八公」銅像前的「澀谷交叉口」）。

星期六
1　早上到淺草雷門參觀，中午在淺草用餐。
2　吃完午餐從淺草搭乘水上巴士（水上バス）到台場，再從「台場海濱公園」站漫步至 Diver City 看鋼彈，或是參觀富士電視台。
3　走到「台場」站搭乘「百合海鷗線（ゆりかもめ）」至「國際展示場」，參觀東京馬拉松 EXPO、領號碼布。
4　沒時間就坐「百合海鷗線」直接回市區。若有力氣，可以再度搭船到淺草，然後步行或轉車至「東京晴空塔」站，上瞭望台欣賞東京夕陽美景。

星期日
1　馬拉松比賽日。

2　跑完下午回新宿飯店盥洗，然後去吃慶功大餐。要就近慶功的話，可以選擇「新宿歌舞伎町」附近的居酒屋，或是到新宿西口「思い出橫丁」內吃燒烤。

星期一

1　一大早就殺到築地市場吃早餐，或是睡到自然醒。

2　中午過後至「皇居外苑」跑一圈（五公里）排乳酸，然後在日比谷、銀座一帶逛街吃美食。

3　如果之前沒有時間上晴空塔瞭望台參觀，這天的傍晚就可以去；晚上在晴空塔內的餐廳吃飯。

星期二

自由安排購物行程、買藥妝，坐飛機回台灣。

行程詳細內容與交通方式
就在後面的單元！

東京馬拉松起跑點

新 Shinjuku 宿

應有盡有的不夜城！

新宿區位於東京中西側，它不但是個機能極完備的地區，也可說是東京都心內最熱鬧的商業與行政中心！從結構錯綜複雜的新宿車站搭乘地鐵、電車，無論哪裡都可以到達，也因其高度的交通便利性，讓這區成為各國觀光客來訪東京的首選住宿點。

作為新宿區的代表性建築物，「東京都廳（東京市政府）」那雙塔式的摩天大樓無論在白天亦或夜晚看來都非常有氣勢！除此之外，百貨公司商場林立的新宿三丁目、燈紅酒綠的歌舞伎町、被譽為皇室後花園的新宿御苑……光是一個新宿區，就能令人目眩神迷、流連忘返。而東京馬拉松大會特將這裡設作起跑點，更是讓跑者們充滿尊榮的幸福感，城市馬拉松就該如此！

住宿建議

東京馬拉松的起點在「新宿」都廳前，終點則在「台場」國際展示場；也因此，阿靖強烈建議跑者們選擇位於新宿的住宿點。雖然東馬的起跑時間是早上九點多，那時候所有大眾交通工具、地鐵都已經開始運行了，但如果能盡量減少通車到起跑點的時間，將會為自己省下不少力氣；畢竟都已經要跑四十二公里了，還是保守點好。馬拉松起、終點相異的路線好處是跑起來不會有重複感，缺點則是完跑後必須搭乘交通工具回到起點（住宿點）。

新宿地區的住宿選擇非常多，以起跑點東京都廳附近來說，就有好幾間飯店可供選擇：新宿 New City Hotel、京王プレッソイン新宿、新宿 Washington Hotel、Sun Members Tokyo Shinjuku、京王廣場酒店……這幾間都是離起跑點近、所以有很多跑者選擇居住的飯店。雖然價位等級各有不同；都廳附近的飯店大都比較陳舊、房間坪數稍小，不過乾淨度是絕對沒問題的！住在大部分跑者們會選擇的飯店還有個好處，就是起跑日早上絕對不怕沒伴陪你走到起跑點，跟著人群走就對了！

機場至新宿的交通方法

從東京機場前往新宿有幾個方法，特此簡單介紹一下。無論是搭乘列車或巴士，在成田機場或羽田機場內都會有很明顯的購票處指示；只要出關後就能看到，完全不用擔心找不到。

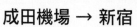

成田機場 → 新宿
Narita Airport　　　Shinjuku

最方便！

最快速！

利木津 Limousin 巴士
（到新宿各點票價三千一百日圓）

有直達新宿的幾家大飯店，對提著大包小包行李的外國人來說，能直接抵達飯店門口是很方便的一件事！回程要到成田機場時，也可以在飯店門口搭車，缺點是如果高速公路塞車就會花很多時間……耗時依停靠點不同，大約從一個半小時到兩個半小時。

利木津 Limousin 巴士新宿線停靠站點
1 京王廣場大飯店 > 2 東京凱悅酒店 >
3 東京希爾頓飯店 > 4 新宿華盛頓酒店 >
5 新宿太陽道廣場大飯店 > 6 東京柏悅飯店 >
7 小田急世紀南悅酒店 > 8 新宿站西口

成田特快 Narita Express 列車
（到新宿票價為三千一百一十日圓）

類似高鐵，直達新宿車站約八十分鐘，不用轉車，也不會受到路面交通狀況影響，因此為最省時的方法。

京成 Access 特急列車
（到日暮里站一千一百九十日圓，之後再轉乘 JR 到新宿兩百日圓）

這是最便宜的方法，缺點是車廂座位非指定席，也就是有可能沒位子，另外也必須在日暮里站轉車，即便如此，但以這將近其他交通方式「半價」的票價而言，其實我依然相當推薦給小資跑者們！而且車次不算少，一個鐘頭就有三班。

最便宜！

我們 Amazing Crew 搭乘早上的 ANA 全日空班機，到達成田國際機場啦。與一大群朋友一起參加東京馬拉松實在是太有趣了！

羽田機場 → 新宿
Haneda Airport　　　Shinjuku

最便宜！

東京 Monorail 單軌電車
（假日優惠票價，從羽田機場經濱松町轉 JR 到新宿五百日圓）

羽田機場可以搭乘的電車除了「東京 Monorail 單軌電車」，另有「京急線」可供選擇。雖然都必須搭乘至「濱松町」或「品川」站再轉乘 JR 山手線到新宿，但其實速度很快；從羽田機場搭乘快速線到濱松町或品川只要十五分鐘！每站皆停的慢車則會花很多時間。快速線（快特）車次很多，建議大家預先看好班次時間，或是等到快車來了再搭乘。票價方面則常有優惠；週六、週日、例假日及特定日限定發售的「單軌電車＆山手線內優惠票」從羽田機場到 JR 山手線內任一站下車，都只要五百日圓！

最方便！

利木津 Limousin 巴士
（到新宿各點票價一千兩百三十日圓）

有直達新宿的幾家大飯店，與從成田機場發車的停靠點大致相同；唯二不同的是「新宿站西口」的停靠點位置，以及會多停靠在「東新宿站」。耗時依停靠點不同，大約從三十五分鐘到一小時十五分鐘。

Traffic 從 JR 新宿站步行五分鐘可達，從西武
新宿線的西武新宿站步行兩分鐘

Time 24 小時
（但大部分店家都在入夜才開始營業）

吃喝
玩樂

歌舞伎町

刺激感十足！極具特色的紅燈區！

歌舞伎町是個令人感到「刺激」的地方，而這條花街生命力最
蓬勃的時間就在夜晚！作為八大行業林立的「紅燈區」，許多
外國觀光客不免會擔心起它的治安問題……但其實只要謹記幾
個原則，就可以安全無虞地在這藏匿有許多美食與特殊街景的
地方好好探險一番！

夜晚在逛歌舞伎町時要注意的地方

×可以拿相機到處拍照，但不可以對著陌生人拍攝。

×街上會有許多酒店的人在拉客（拉客的通常是年輕男性，或
非裔黑人男性），他們會硬湊到你身邊，拿出酒店小姐或牛郎
的目錄請你瀏覽。但如果你拿個相機在胸前、一看就是觀光客
的話，其實比較不會被拉客的打擾。

酒店、聲色場所林立的歌舞伎町一到了夜晚就充滿生命力！這裡或許被視為東京都治安的死角，但其實裡頭藏著不少美食與文化特色。

╳一旦被拉客了，你只要跟他們揮揮手比個 NO 就好了……千萬不要傻傻地跟人家進酒店了（酒店消費很驚人的）！

即使有這些必須注意的小地方，歌舞伎町的治安依然比國外許多大都市都好，真的不需太過擔心。如果住在新宿的夜晚肚子餓了，這裡還有很多二十四小時營業的餐廳可以解饞……當然，你也可以在跑完東京馬拉松的當晚，就近來到歌舞伎町、找間居酒屋舉行慶功宴！為這難能可貴的東京旅跑之行好好乾一杯！

洋食老店 ACACIA 的店面與料理五十
幾年來都不曾改變，這裡是許多老新
宿人的共同記憶。

Address 東京都新宿区 新宿三丁目 22-10
Time 早上 10：00 ～晚上 10：30
Notice 不可刷卡。有分吸菸區與非吸菸區

美食

ACACIA（アカシア）

東京人都知道的傳奇洋食老鋪！

洋食店 ACACIA（アカシア）是位在新宿三丁目、歌舞伎町附
近的一家傳奇洋食老鋪，一九六三年開業，至今已有五十年以
上歷史。列舉其代表性，連東京車站內都設有專櫃在販賣它的
「燉煮高麗菜肉捲」；來訪東京的外地民眾即使無暇到本店用
餐，也能夠帶回家鄉品嘗。沒錯，就是那一味白色的「燉高麗
菜捲（ロールキャベツシチュー）」，每當我與東京朋友提起
ACACIA，還真無人不知它那口感溫潤、價格超值的招牌名物，
兩大捲配上白飯的定食一份才八百八十日圓！

除此之外，還有雞肉咖哩（頗辣）、燉煮牛肉、炸大蝦等菜餚，
與店內裝潢一般，料理也都是古早味的感覺。我非常推薦東京
馬拉松跑者們把這兒作為比賽日前夜的晚餐；燉煮料理不但好
消化、富含碳水化合物與營養，在冬日吃上如此暖和、具家庭
味的舒心食物（Comfort food）也是心理的一大療癒。

Address　東京都西新宿七丁目 9-15
Time　早上 10：00～晚上 11：30
Notice　不可刷卡。全店不禁菸
Web　www.mentsu-dan.com/shop/
　　　　shop_tokyo.html（有中文菜單）

我最喜歡的口味是「明太子雞蛋」，奶油、鮮香微辣的明太子配上被烏龍麵燙成半熟的生雞蛋……拌在一起吃絕對是高膽固醇的美味！這一碗只要四百六十日圓！還可以另外加購炸天婦羅。

美食

東京麵通團

美食家開的店！在新宿也能吃到道地讚岐烏龍麵！

烏龍麵是一種單純、平實，但其實要追求究極美味卻也沒那麼簡單的料理；水質、麵粉、製麵與煮麵的技術等等都是大學問。全日本最有名的烏龍麵產地不外乎是香川縣讚岐，而有一票熱愛烏龍麵成癮的美食家決心把這道美味帶來東京；因此開設了「東京麵通團」這家店，標榜不用去讚岐也能吃到同等級的烏龍麵！

由於每碗麵都是現點現煮、難免耗時，不想排隊的人可以避開用餐時段過來。也建議大家先在門口看板決定了要點什麼再入內，免得造成動線停滯。當我住在新宿的時候，會一個人來這裡吃消夜，簡單花個幾百塊日圓就能享有嚼勁十足、齒頰留香的美味。

Traffic	JR新宿駅、西武新宿駅、都営大江戸線 - 新宿西口駅徒步兩分鐘
Time	店家在下午04：30～05：00才開始營業，打烊時間約在晚上11：00左右
Notice	不可刷卡。全店都不禁菸。會加收座位費
Web	shinjuku-omoide.com

思い出横丁的巷子非常狹小擁擠、店面挨著店面，也因此油煙味頗重，衣物必定會沾上味道……但在此可是能吃到超美味的串燒，又能享受老日本的溫馨感……冬日必來！

美食

思い出横丁

充滿昭和時代氛圍的燒烤街

新宿是個現代繁華的地區，但也有不少人懷念起「老新宿」的風情；而「思い出横丁」就是條充滿昭和時代氛圍的居酒屋街。當你一走進「思い出横丁」必定能立即嗅到濃濃的燒烤味（衣服也會沾上氣味），映入眼簾的是綁著頭巾熱情招待客人的老闆、黃湯下肚後面紅耳赤的上班族……在這裡彷彿時間都停止了。

就因為特色十足，不少中、港、台觀光客也會來此覓食，也因此裡頭有許多店家都聘請了會說中文的店員，這對觀光客來說是一大福利。另外要注意的是，思い出横丁中的店家都有加收約三百日圓的「座位費」，就當是清潔服務費，能享受如此的美食與氣氛更是無價。若要問裡頭哪間店最好吃？其實也沒個標準……當你看到順眼的店家就走進去吧！這裡也很適合作為東京馬拉松完跑慶功宴的地點喔！

吃喝玩樂

淺 Asakusa 草

雷門、晴空塔、前往台場的水上巴士！

淺草雷門是世界知名的東京景點，也是東馬路線必經的地方；比賽當日想當然耳會有許多跑者選擇在這二十八公里處駐足、留下最有地方代表性的東京馬拉松紀念照片！但由於道路管制的關係，跑者其實無法距離雷門太近……因此我強烈建議旅跑者們在東馬比賽前日就來到淺草，不但能有多點時間逛逛、感受老街風情，遊覽完還可以直接從這裡搭船到台場的 EXPO 領取號碼布！對東馬旅跑者來說，淺草是個必訪而且順路的行程！

除淺草寺此一大景點之外，由淺草站轉搭電車或散步都可以快速到達東京晴空塔（TOKYO SKYTREE）。這在二〇一二年才完工的電波塔是目前金氏世界紀錄的「世界第一高塔」（六百三十四公尺），塔上能飽覽關東平原美景的瞭望台絕對必訪！

有人會説淺草觀光味很重，但我覺得是「外行的看熱鬧、內行的看門道」；如此具歷史的區域本來就藏有濃厚文化氣息，卻因為觀光業興起而讓交通更加便利，對於想一窺老東京風情的外地人來説其實為一大福祉。

淺草寺雷門的巨大紅燈籠絕對是東京最具代表性的景點，東京馬拉松路線也會經過這邊。

仲見世通店家販售的紀念藝品觀光味濃重，但買點零食邊走邊吃邊逛也不失樂趣！夏季這裡有販賣淺漬的整根小黃瓜泡菜，炎日下吃上這爽脆的一味真是幸福！

高達六百三十四公尺的摩天高塔「晴空塔」就佇立在如此具有古早風情的老街區，這是淺草周遭地區具有「衝突感」的新風景；矛盾卻美麗。

觀光客雖不能進入淺草寺觀音堂內部，但也可以在外頭參觀拜拜，建築物之華美實在令人想像不到它曾歷經戰火推殘，並於一九五八年重新修復。

Traffic	東京地鐵銀座線「淺草車站1號出口」徒步五分鐘
Time	早上6：30～下午5：00（仲見世通商店街約早上10：00～晚上7：00）
Notice	www.asakusa-nakamise.jp
Web	www.jidaiya.biz/kanko-j.html 人力車官網（有收費與路線圖）

景點

淺草寺雷門

外國人必訪的東京最具代表性景點！

淺草寺創建於六二八年，至今已有近一千四百年的歷史，是東京最古老、最具歷史的寺廟，主要供奉觀音菩薩。與日本大多數蕭穆莊嚴的佛寺相異，淺草寺鮮豔的大紅裝飾讓它看來像是個充滿歡樂氣氛的廟街；而這裡也確實常有廟會節慶舉行，跨年夜更是人山人海！淺草寺門口有條「仲見世通」，裡面全都是販賣給觀光客的藝品店與零食店；雖然這是人潮最多的商店街區，但由於店家商品品質參差不齊（大多數紀念品在「唐吉訶德」就可以買到，而且還比較便宜）……我建議來此逛逛、拍照就好，購物反倒其次。在淺草寺周邊也有很多人力車可以搭乘，一走出車站就能看到爽朗的小哥們在招客。人力車收費依照搭乘人數與瀏覽時間而有所不同，價格不便宜（十分鐘路程一人要三千日圓，三人共乘一車比較划算才六千日圓），但拉車的小哥會幫你導覽淺草景點，他們也會說英文，不怕被路人注目又想拍照的觀光客可以試試看。

由淺草車站一走出來往吾妻橋、隅田川方向看，就能見到這幾棟非常顯眼的建築物：有金色啤酒泡造型的朝日啤酒大樓、以及高聳入天的晴空塔。

Traffic 從淺草站轉搭東武東京晴空塔線電車（兩分鐘可達晴空塔站）、或是直接從淺草站走過去（約十五分鐘）

Time 早上 8：00 ～晚上 10：00（最終入場時間晚上 9：00）

Web www.tokyo-skytree.jp 有瞭望台售票資訊與商店一覽

景點

晴空塔（Tokyo Skytree）

從世界最高的電波塔上一覽絕讚東京夜景！

如果你身在淺草，那麼想忽略眼前這座世界第一高塔實在很難！東京晴空塔（東京スカイツリー）的高度有六百三十四公尺，比台北一〇一大樓（五百零九點二公尺）還高上許多。而之所以必須蓋得那麼高的原因，是因為它擔負了「將高畫質數位無線電視訊號傳遍整個關東平原」的任務；無線電波在救災時也很重要，如果適逢大天災，所有電線類比訊號都斷了……晴空塔還是可以發揮效用！而「六三四」這個數字其實是取自日文「武藏（MUSASHI）」的諧音，意喻古時候東京、埼玉、神奈川地區這塊「武藏國」。東京晴空塔一開始的中文譯名是「天空樹（Tokyo Skytree）」，比較符合原名；但因為「天空樹」這名稱在中國大陸已經被註冊了，所以官方才將中文名稱改為「晴空塔」，也以此充滿希望感的名稱應援三一一東日本大地震災區。

在 TEMBO DECK 有「晴空塔咖啡」區域，點上一杯咖啡、吃塊蛋糕搭配完美夜景好不愜意！要注意的是，沒有在咖啡廳消費的遊客不可以占用此區域的座位喔！

晴空塔有兩個瞭望台，高度分別為三百五十公尺（TEMBO DECK）與四百五十公尺（TEMBO GALLERIA）。上瞭望台的費用並不便宜，三百五十公尺的成人票一張就要兩千零六十日圓，如果要到四百五十公尺則必須在 TEMBO DECK 另外加價一千零三十日圓再上去。如果要問我值不值得花這筆錢？我會覺得其實可以到三百五十公尺（TEMBO DECK）看看就好，因為沒有限制滯留時間，建議旅跑者們從下午待到入夜；就可以一次飽覽整個關東平原的夕陽與夜景。至於四百五十公尺（TEMBO GALLERIA）的觀景窗則因為被建築結構擋住，拍照並不好看，所以不一定要上去。

東京晴空塔除了瞭望台之外，還有非常大的商場區（Tokyo Solamachi），裡頭有各種價位的餐廳、美食街、超市、商店、甚至是水族館（すみだ水族館）……基本上就是個大型百貨公司；吃喝玩樂全包了！而要到達晴空塔有兩種方式：從淺草站轉搭東武東京晴空塔線電車（兩分鐘可達晴空塔站），或是直接從淺草站走過去（約十五分鐘）。我個人比較推薦由淺草散步過去的方式，因為行經晴空塔的路途充滿老街風情（很不像東京，反而有點京都的感覺）……走著走著，卻到了一座極具未來感的高塔！這種合宜的衝突感，不就是東京美麗的地方嗎？

往來淺草與台場等地的觀光交通船有三種：普通船隻、HIMIKO、HOTALUNA，而後兩者居然是由《宇宙戰艦大和號》、《銀河鐵道999》作者松本零士設計的！外型非常前衛！

Traffic	從淺草車站往吾妻橋方向走兩分鐘即可看到「東京都觀光汽船 TOKYO CRUISE」售票處，就在吾妻橋旁
Fee	淺草→台場海濱公園搭乘 HIMIKO、HOTALUNA 成人票是一千五百六十日圓。普通船都需在「日の出棧橋」轉船，兩段票七百六十日圓加四百六十日圓共一千兩百二十日圓
Web	www.suijobus.co.jp 含乘船時間表與網路預約

往台場交通

水上巴士（水上バス）

搭乘前衛設計的船隻從海上悠閒看東京！

身為東京馬拉松跑者，你一定得去台場，因為東馬 EXPO 博覽會與號碼布領取處就在台場「國際展示場」；雖然說要從東京市區內前往台場最快速的方式是搭乘「百合海鷗號（Yurikamome）」電車，但我比較推薦從淺草搭船去！畢竟在海上能看見完全不同以往的東京景色。

TOKYO CRUISE 水上巴士從淺草運行到台場海濱公園的船隻共有三種：普通船隻、HIMIKO（ヒミコ）、HOTALUNA（ホタルナ），其中 HIMIKO 與 HOTALUNA 居然是由《宇宙戰艦大和號》、《銀河鐵道 999》作者松本零士所設計，船隻設計感十足又前衛，連船上廣播都是請動畫聲優來配音……如果你跟我一樣是個動漫迷，搭上這艘船應該會感到很興奮！

而 HIMIKO 與 HOTALUNA 之間的差別，除了內裝不同之外，HOTALUNA 還多了船頂上的觀景甲板；兩者船票價格一樣，當然是搭乘 HOTALUNA 比較好！也因為 HOTALUNA 比較熱門，建議大家先在官方網站上預約訂票（信用卡付費），不然周末假日是絕對買不到現場票的。

雖然比較小資的船票選擇還有一般普通船型，但一般船型得從「日の出棧橋」轉船，到台場耗時較久、又有煤油味的問題、船上也沒有像 HOTALUNA 那麼高級的餐飲販賣服務……船票卻只便宜了三百四十日圓……所以建議大家還是預先上網訂票吧！

1　HOTALUNA 不僅外型前衛，船頂上的景色更是美麗；還能像這樣穿過台場彩虹大橋底下。與無開放式甲板的 HIMIKO 相較之下，HOTALUNA 明顯大勝！想要拍照的話，可以請甲板上穿著白色外套的服務員幫忙。

2　雖然船隻大致上沒有在夜間運行，但搭上末班船還是能見到東京海上的夕陽美景。

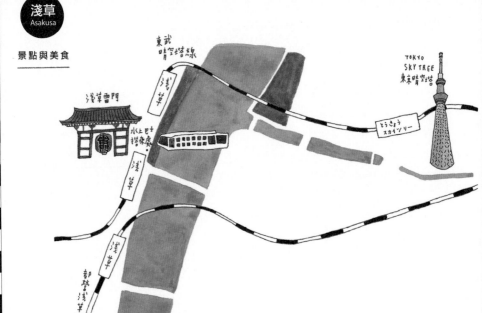

淺草
Asakusa

景點與美食

東武
晴空塔線

TOKYO
SKY TREE
東京晴空塔

淺草雷門

淺
草

水上巴士
搭乘處

とうきょう
スカイツリー

淺
草

淺
草

都營淺草線

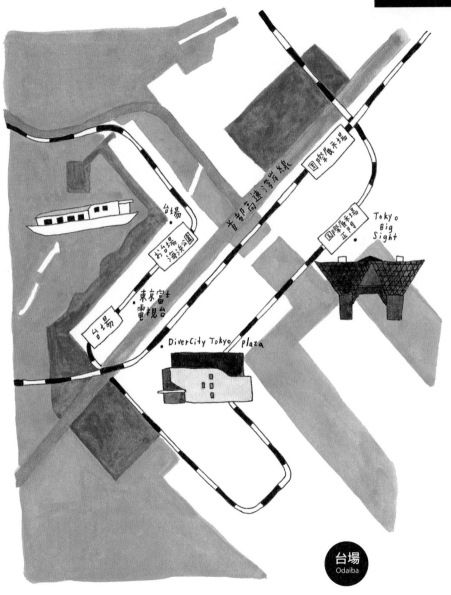

台場
Odaiba

景點與美食

東京熱門跑步路線 ＆跑步店家

東京人很喜歡路跑，在東京街頭隨時能看到的跑者人數應該是居全亞洲之冠！而因為日本籍田徑運動員在奧運、亞運、甚至世界各大馬拉松、超馬賽事的表現都很突出，也讓日本國民特別重視田徑運動。在台灣，一般人可能只念得出幾位職棒選手的名字，但在日本，一家大小卻會擠在電視機前觀看馬拉松或接力賽事的轉播。在台灣，藝人明星去跑個半程馬拉松就可以上新聞；但在日本，全馬成績破三的諧星卻大有人在。說日本是「亞洲的肯亞」好像哪裡怪怪的，但日本絕對是全亞洲最熱中於田徑運動的國家。就因為「大家都喜歡跑步」，東京順理成章地成為一個「對跑者友善」的都市。當你跑在東京街頭時就能立刻感受到，沒有人會報以異樣眼光，也沒有人會擋道不禮讓，甚至還會有路人對你喊加油。

許多東京市民都有自己的「私房練跑路線」，有的是以住家為起點做規劃；也有的是特別去尋找空氣清新、景色宜人的地方，而東京最有名的兩大跑步熱點「皇居外苑」與「代代木公園」就符合以下條件：交通方便、路面平坦、不須人車爭道、景色優美、空氣清新……即使是觀光客也可以來這裡練跑！也因為路跑的人多，在這些跑步熱點周邊甚至有人開設了讓跑者們付費寄物、更衣、盥洗的專屬店面，不須事先加入會員，收費又低廉，實在是一大福音！

得天獨厚的溫帶氣候、乾淨的街道、對跑者友善的氛圍……就因為在東京跑步非常幸福，當你來到東京時，一定要去路跑！

1

2

1　一月在東京新宿地區有場「新宿城市半程馬拉松」賽事，來參加的跑者大都是新宿地區的居民。

2　在台場沿海區域見到一位年長的跑者阿伯在做自我訓練，能在東京這個城市路跑實在是太幸福了！

〈路跑地點！〉

代代木公園　明治神宮旁邊！跑在紅楓與金黃色的銀杏林中！

身為東京最有名的兩大跑步熱點之一，或許對台灣跑者來說較熟悉的跑點是「皇居外苑」，但其實代代木公園也是東京市民們的熱門練跑路線，會來這裡跑步的大都是住在澀谷、原宿一帶的居民以及田徑隊（陸上部）的選手們。如果你是住在新宿的飯店，來代代木公園跑步也會比去皇居外苑近上許多。

我以前都會來代代木公園練跑，除了因為當時我住在澀谷、距離這兒才兩公里不到，更重要的原因是秋季的紅楓與銀杏樹林；微風吹拂、銀杏葉散落地上金黃一片，簡直堪稱絕世美景！雖然說代代木公園還有櫻花園，春天櫻花滿開時非常驚人，但卻因為賞櫻遊客太多，反而擠到沒辦法跑步了。在代代木公園練跑沒有什麼標準路線、標準方向，所以我習慣帶著GPS手錶隨便繞，跑滿預定的練習時間或距離就好。

代代木公園與明治神宮大致上是連在一起的，但由於明治神宮是廟宇，也就是神明居住的地方，在裡面跑步是很不禮貌的行為，所以若要參觀明治神宮，就先步行到代代木公園範圍內再開始跑步吧。而一旁的代代木國立競技場廣場在假日會有小吃攤、有機市集；建議大家一定要順便遊覽。

1 代代木競技場前廣場的有機市集也很好逛，冬天在這裡還可以喝到熱紅酒、吃到有機蜂蜜，建議跑完步順道來逛。

2 代代木公園也常常能見到田徑隊選手在這裡做自主訓練，他們的跑姿完美，體格一看就知道不是普通老百姓。

3 雖然代代木公園就在明治神宮旁，但進入明治神宮的範圍是不可以跑步的。

1
2
3

Traffic
從 JR「原宿站」步行三分鐘可達，或從東京地鐵「代代木公園站」步行三分鐘

Time
10 月 16 日～4 月 30 日／
早上 5：00 ～下午 5：00。
5 月 1 日～10 月 15 日／
早上 5：00 ～晚上 8：00

代代木公園是東京最熱門的兩大路跑點之一，會來這
裡跑步的大都是住在澀谷、原宿一帶的居民。

02 〈跑步用品店〉
NIKE 原宿店　最潮的跑步新品都在這裡！

我自己是運動品牌 NIKE 的支持者，雖然 NIKE 較廣為人知的是籃球系列商品，但其實 NIKE 是以「跑鞋」起家的，也因此它們花了相當多心血在研發製作跑鞋的尖端科技上。選購跑鞋的首要條件是「功能性」，其次才是「外型」；如果要尋找兩者兼具的跑步裝備，來原宿 NIKE 準沒錯！這裡常會販售限量鞋款，包括在潮流文化圈引起大轟動的「GYAKUSOU」，也就是 NIKE 與設計師「高橋盾」品牌 UNDERCOVER 合作的限量跑步系列商品！雖然價格比一般跑步商品貴許多，但穿上時那種「炫富」感實在不錯，且功能性絲毫不減。

建議各位旅跑者在代代木公園練跑完，務必要順道過來逛一逛。

Traffic
東京都渋谷区神宮前 1-13-12
（從 JR「原宿站」步行一分鐘可達，或從東京地鐵「明治神宮前站」步行一分鐘）
Time
早上 11：00 ～晚上 8：00
Web
nikeharajuku.jp/blog

03 〈跑步用品店〉

ART SPORTS　當地資深跑者推薦的運動用品老店！

我曾詢問資深的東京市民跑者：最推薦在哪兒購買跑步用品裝備？也因此我才有幸來到「ART SPORTS（アートスポーツ）」這家專業運動用品店。一九六七年開業的 ART SPORTS 是間具有四十幾年歷史的老店，我過去常造訪的澀谷店主要販售的是跑步、田徑運動、網球用品，在一樓可以找到符合各種需求的跑鞋，而且幾乎什麼品牌都有！地下一樓則大都是馬拉松、鐵人三項的裝備，包括各牌壓力褲、跑衣，這裡也有賣能量膠與馬拉松營養補充品。ART SPORTS 最特別的地方，不只是商品種類齊全，店員也都擁有非常專業的運動知識；我曾遇過一位店員的全程馬拉松成績是兩小時五十分……可見若有任何關於長跑的問題，問店員就對了！

ART SPORTS 除了澀谷店，另外在日比谷（鄰近皇居外苑，跑步與三鐵商品很多）、新宿東口、上野也都有分店，建議要迎戰東京馬拉松的旅跑者們務必特地前往！

ART SPORTS 東京各分店地址
渋谷店：渋谷区桜丘町 1-5
新宿東口店：新宿区新宿 3-29-1
日比谷店：千代田区有楽町 1-2-10 B1F・1F
Time
渋谷：早上 10：30 ～晚上 8：00
（假日營業到晚上 7：00）
新宿東口店：早上 11：00 ～晚上 8：00
日比谷店：早上 11：30 ～晚上 9：00
（星期六 10：30 ～晚上 8：00、假日只營業到晚上 7：00）
Web
art-sports.jp

〈路跑地點！〉

皇居外苑　東京最好跑的路跑熱點！

若要說東京最有名的路跑熱點絕非「皇居外苑」莫屬，皇居外苑指的就是日本天皇的住所（皇宮）外圍、也是過往的「江戶城」舊址，這裡不但交通方便、景色優美、路面寬廣平坦，而且跑一圈剛好是五公里；非常容易計算訓練量，也因此無論東京市民或觀光客都會來跑步。在皇居外苑練跑要依照標示固定以「逆時鐘方向」跑，也就是跟著其他跑者一起跑就對了（這裡隨時都能看到其他跑者）；同時也要注意禮讓，不要跟朋友並排跑步阻擋道路。

如果你是因為要參加東京馬拉松而來到東京的跑者，皇居外苑會離住宿點「新宿」有段距離（搭地鐵過來加路程約耗時二十幾分鐘），這時可以利用下一篇介紹的「跑站」寄物，跑完再去更衣、沐浴，就可以接著遊覽日比谷、銀座一帶的景點，不須先折返回到新宿飯店。而皇居外苑四周也有很多飲料販賣機（冬天有熱飲）、公共廁所、能做伸展拉筋休息的廣場，對跑者來說相當便利。

1　最鄰近皇居外苑的地鐵站是「日比谷站」。

2　皇居外苑的護城河非常寬廣，這裡就是以前「江戶城」時期的護城河。春季時將會盛開一大排櫻花，雖然會因觀光人潮變得比較擁擠，但還是可以跑步。

3　在有樂町高架橋下的昭和復古餐廳「まんぷく食堂」離皇居很近，這裡的定食便宜又大碗、裝潢非常特別、二十四小時營業，還有會説中文的店員……在皇居跑完步後可以來此補充熱量。地址是：東京都千代田区有楽町 2-4-1。

1

2

3

Traffic
地鐵「日比谷站」步行一分鐘，或 JR「有樂町」站步行五分鐘
Time
二十四小時

〈跑站〉
05 Raffine Running Style　　一個銅板價就可以寄物、更衣、洗澡的跑站！

由於來到皇居外苑練跑的跑者實在太多，也因此在周遭出現了許多「跑站（Runners Station）」形式的店家，跑者能在這裡付費寄物、更衣、沐浴，這對於不住在附近的旅跑者來說無疑是非常方便的一項設施，跑完步了也不必先大老遠回到寄宿點盥洗，便能直接進行接下來的觀光行程。其中，這家 Raffine Running Style 是離皇居外苑最近、服務最好、收費最低廉的店家，只要一個銅板價五百日圓，就可以寄物、洗澡、更衣（不須加入會員，另外有更便宜的多次套票販售）。

即使是臨時想來皇居外苑跑步、卻沒有準備跑步裝備的人，也可以跟店家租借跑鞋，款式選擇相當多又新穎，

跑衣、毛巾等等也都可以租借，各只要一百到兩百日圓；汗濕了的髒衣服也能在這裡先行清洗，店家有免費提供脫水機的服務，實在貼心周到、CP值極高！Raffine Running Style 除了提供跑站服務之外，還有些針對跑者的付費物理治療（需事先預約），建議各位跑者們提早預約東京馬拉松之後的課程。

要到達 Raffine Running Style 可以直接從地鐵「日比谷站」的 A5 出口上去，它就位於東宝 Twin Towers 大樓的地下一樓；距離皇居外苑只有六百五十公里。店門口貼有地圖，辦理寄物完跑過去約三分鐘；如果還是怕迷路的話，直接回到地鐵改走 A10 出口就是皇居外的日比谷公園了。

跑站單次使用只要五百日圓，不須入會。如果買多次券會更便宜，有十、三十、五十、一百次等額度，但多次券都有使用時間限制，比較不推薦外地人購買。

Address
東京都千代田区有楽町 1-5-2 東宝ツインタワービル B1F
Traffic
地鐵「日比谷站」A5 出口直達，或 JR「有樂町」站步行三分鐘
Time
平日早上 7：00 ～ 晚上 11：00，周末與假日 6：30 ～晚上 8：00
Web
www.raffine-rs.com

我在二〇一二年擔任 NIKE x UNDERCOVER 品牌 GYAKUSOU 日本地區的廣告 Model，
這是當時的廣告照片；而品牌設計師高橋盾先生也是影響我開始跑馬拉松的啟蒙者。

代代木公園

NIKE原宿店

原宿

明治神宮前

渋谷

ART SPORTS!
アートスポーツ
渋谷店

皇居外苑

日比谷

Raffine
Running Style

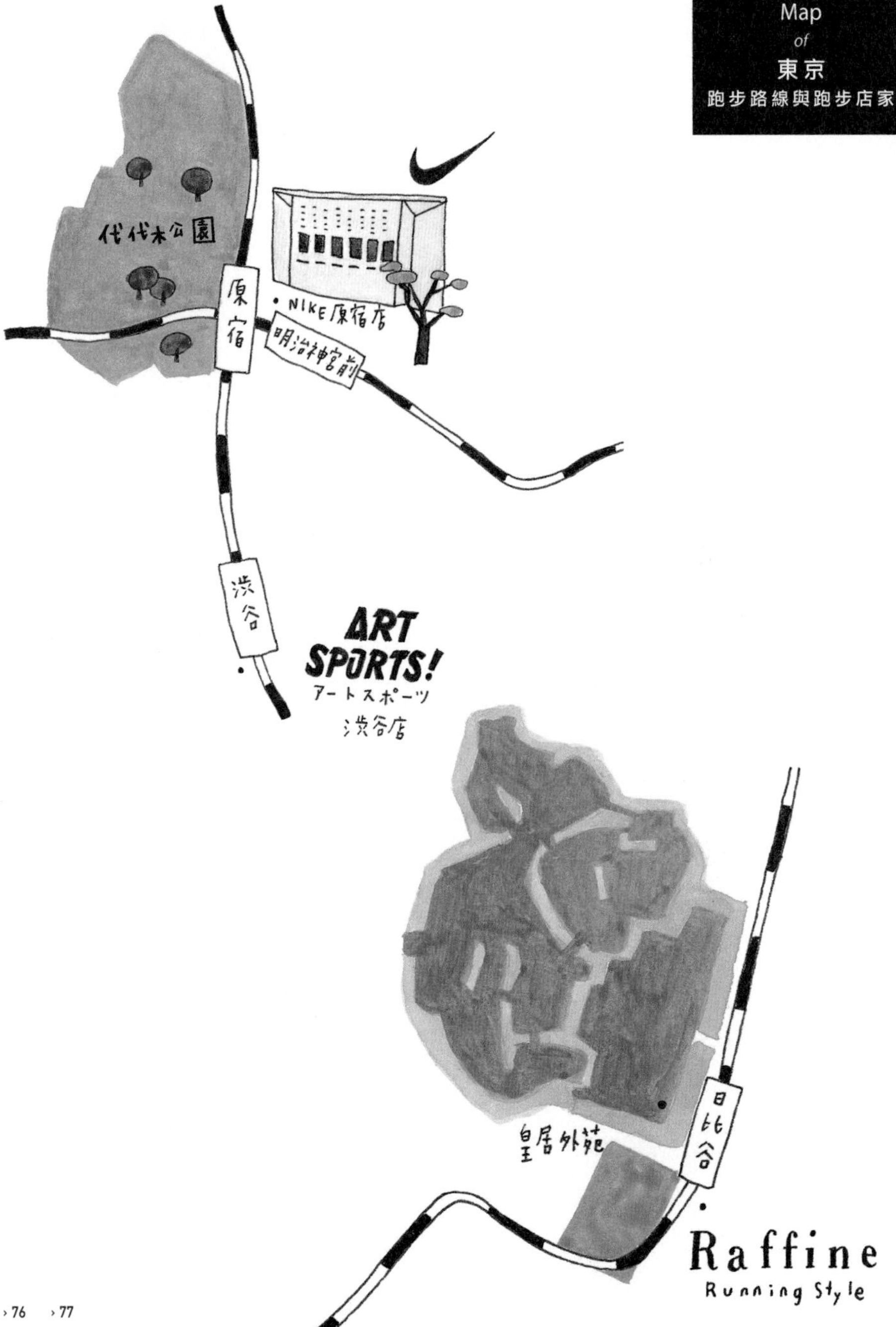

42km

10km

沖繩
馬拉松。

OKINAWA
Marathon

感受南島的熱情與溫馨

驚見赤腳野人哥！他還
拉著我一起合照～野人
哥跑得飛快，十公里咻
一下就跑完了！

沖繩マラソン

舉辦日期 —— **每年二月。**（前一年十一月份之前會公布下屆比賽日期）

起跑地點 —— **沖繩縣總合運動公園。**

全馬終點 —— **沖繩縣總合運動公園。**

賽事組別 —— **全程馬拉松 42.195 公里組、十公里組**（含高中生）。

大會時限 —— **全程馬拉松組六小時十五分。十公里組一小時二十分。**

官方網站 —— www.okinawa-marathon.com

參賽人數 —— **總限額一萬三千人。**（全馬組約一萬一千人、十公里組約兩千人）

報名方式 —— **1. 網路報名／前一年十一月一日開放報名，到十二月十日前終止。官方網站會公布報名網址，網上填寫資料並以信用卡繳費即確認報名資格**（需加收百分之五手續費）。

　　　　　2. 至日本全國的沖繩銀行、FamilyMart 全家便利商店、コザ信用金庫直接報名（皆需另外加收不等的手續費）。

　　　　　3. 旅行社代辦報名／可保證參賽，但有名額限制。

費　　用 —— **全程馬拉松組：四千五百日圓、高中生與六十五歲以上老人三千五百日圓。**

　　　　　十公里組：兩千七百日圓、高中生一千兩百日圓。

　　　　　（二〇一五年資料）

賽道難度 —— **全馬路線有長上坡、也有部分狹窄路段；算是較有難度。十公里賽的路線則非常平緩。**

關 鍵 字 —— **溫馨・熱情・黑糖吃到飽・美國風情**

沖繩馬拉松的簡介與歷史

美麗的島嶼海景、豐富的農特產,再加上距離台灣超級近、坐飛機只要一個多小時就能到達……種種誘因都讓沖繩成為台灣人最喜愛的日本旅遊地點之一。琉球群島在緯度上比台北還高,卻因為得天獨厚的「海洋熱帶性氣候」造就了年均溫二十三度左右的穩定氣候;雖然夏季炎熱又常有颱風,但冬天氣溫卻落在十五到二十度左右,無疑是個適合跑步、乾爽宜人的好季節,也因此每年冬季沖繩縣(包含離島)將舉行好幾場馬拉松、超馬、路跑賽事,雖然大都是地域性的小型賽事,但也不乏如「宮古島一百公里超級馬拉松大賽」、「那霸市 NAHA 馬拉松大賽」與「沖繩馬拉松大賽」這些較具國際知名度的完備賽事。中有二十三年歷史的「沖繩馬拉松」是以「本島中部」為主要賽道;途中路經「嘉手納美軍空軍基地」這特色景點,許多長住在沖繩的美國人也會來參賽,讓沖繩馬多了一股特殊的美國風情。

就如同沖繩的溫暖氣候,為馬拉松跑者們應援的當地居民也非常熱情!42.195 公里沿途都有民眾義務提供自家製的農特產作為免費補給,其中包括醃漬的「島蕗蕎(らっきょう)」,還有沖繩最出名的「黑糖」等等。有跑者笑說:「沖繩馬拉松根本就是黑糖吃到飽馬拉松!」

對於還沒有體力跑完全馬的初跑者,或是只想體驗一下大會氣氛的跑者們來說,十公里組一樣是很好的參賽選項;雖然路線是折返的,也沒辦法看到名勝美景,但只要在時限內完跑一樣,可以得到精緻的獎牌與完跑證!再加上大會贈送的運動飲料、排汗材質的紀念 T-Shirt……兩千七百日圓的報名費實在非常划算啊!無論長程短程,所有跑者都有備受重視的感覺;被沖繩的熱情所包圍著,這就是沖繩馬拉松的魅力。

かりゆし園前
安慶名
闘牛場
嘉手納基地
勝連城址
渡口交差点

OKINAWA
MARATHON
✦ COURSE MAP ✦

START
FINISH

有二十三年歷史的「沖繩馬拉松」，以「本島中部」為主要賽道；途中路經「嘉手納美軍空軍基地」，讓沖繩馬多了一股特殊的美國風情。

沖繩馬拉松的比賽日為冬季，氣溫差
不多類似台北秋天的感覺，並不怎麼
寒冷。在充滿南國風情的愉悅氣氛下，
與來自全日本的跑者們一同起跑。

張禮豪

三十九歲，來自台灣新北市，藝評暨獨立策展人

Q—你為什麼會想參加「沖繩馬拉松」？

A— 前兩年到過沖繩旅遊，充滿熱帶風情的旅程留下了不少美好的回憶。二〇一五年沖繩馬拉松舉辦時間落在情人節跟春節之間，不需抽籤，再加上報名費相對低廉，種種原因促使我鼓起勇氣報名參加。

Q—你覺得「沖繩馬拉松」的賽事有什麼特色？

A—最讓我印象深刻的是，一路上都可以見到為跑者加油打氣的熱情民眾，從小朋友的鼓隊、管樂隊到老人家的三味線演出等等，再加上源源不絕的私人補給（黑糖、果凍、香蕉、柑橘、清脆可口的醃黃瓜等等），都成為我完賽的最大推力！

Q—你在參加「沖繩馬拉松」的過程中有發生什麼有趣的事？或是令你難忘的事件？

A—跑完的那個晚上，我跟妻子來到國際通上的 BB Steak House 要大肆慶祝一番，老闆看到我舉步維艱的模樣，就笑著問我是不是白天剛跑完馬拉松？這一頓搭配著沖繩在地的 Orion 生啤酒的牛排大餐，大概是這次最難忘的吧。

Q—用一句話（二十字以內）形容「沖繩馬拉松」吧！

對我來說，這是一次徜徉在碧海藍天之間，充滿歡樂跟喜悅且終生難忘的馬拉松！

1　沖繩馬拉松的扮裝跑者也很多，這幾位全馬組的沖繩小哥就穿了當紅電玩《妖怪手錶》的服裝。

2　裝扮成美少女戰隊的少女跑者們，十公里從頭到尾都跑在一起！

<table>
<tr><td>1</td><td>2</td></tr>
<tr><td></td><td>3</td></tr>
<tr><td></td><td>4</td></tr>
</table>

3　　沖繩有美軍基地，因此「有許多美國
人參賽」也成為沖繩馬拉松的大特色。現
場能看到邊推著嬰兒車邊跑的老外們，父
母跑得大汗淋漓，小孩可是睡得超香甜～

4　　因為距離台灣近，團體組隊
參加沖繩馬拉松的台灣跑者相當
多！在這裡不時可以遇到其他台
灣人、香港人等。

阿靖哥的沖繩馬拉松
私房旅遊攻略

大家對「沖繩」的印象是什麼？黑糖？熱帶島嶼風情？夏川里美的民謠？在實際來到沖繩之前，我對沖繩最有印象的一件事居然是「宮古島一百公里超馬賽」，那是因為在我剛開始練跑時，就拜讀了日本超級馬拉松跑者「關家良一」先生的自傳《跑步教我的王者風範》，在書中，關家先生對於「宮古島超馬」這場賽事頗有著墨，我想沖繩應該是個充滿魅力的地方吧？否則關家先生怎麼會一而再、再而三地來此地挑戰？而相較於日本本島四季分明的溫帶氣候，緯度較低、離台灣較近的沖繩縣的確更適合舉行馬拉松、鐵人三項賽事；這裡即使到了冬季，也有十五到二十度的均溫，乾燥涼爽的海風吹拂在身上，令人心曠神怡。

沖繩最著名的大型馬拉松賽事分別為「那霸馬拉松」與「沖繩馬拉松」，兩場都有許多本國與外國跑者會特地前來參加，風景、賽道特色各有不同；那霸馬是城市風景，沖繩馬則多為自然風光，但同樣都有熱情的加油民眾在沿途應援，甚至提供自製的沖繩名產食品供跑者作為補給，大會規劃也非常完善周全。

我抱著體驗的心情參加了第二十三屆的沖繩馬拉松，而在大家排隊等待起跑前氣氛就非常歡樂。

說起來有點兒不好意思……因為鍛鍊不足的我相當怕熱，只要攝氏超過十五度就很難進行長跑運動，所以人生中初次的沖繩馬拉松體驗，我只參加了十公里的趣味路跑組；這十公里雖然無法完整感受到沖繩馬拉松的精髓，但也算是難得而值得的經驗，畢竟跑完沒什麼疲累感，可以花更多體力在沖繩吃喝玩樂！另外值得一提的是，沖繩馬拉松的全馬組、十公里組都可以得到獎牌與精美完跑證明、紀念 T-Shirt，報名費又只要台幣約七百到一千兩百元……實在超值！「揪感心」啊！

到沖繩跑馬拉松的好處還真是說不完；美麗的海景、悠閒的氛圍、乾淨的街道、好吃的食物……從台北桃園機場搭飛機到沖繩那霸機場只要一個多小時！比從台北坐高鐵到高雄還快！旅途完全沒有疲累感。而雖然同樣屬於日本，沖繩的平均消費卻硬是比日本本島低上許多，尤其跟什麼都很貴、隨便吃一餐也要花千元日幣以上的東京都相比，沖繩的物價更親民、更接近台灣人的消費習慣。另外，對於不會日文的外國觀光客來說，到日本旅遊最大的困擾之一，就是難以用英語溝通……但沖繩因為有

搭飛機到沖繩那霸機場只要一個多小時！

十公里組與全馬組的終點是一樣的，最後都會在「沖繩縣總合運動公園」的田徑場上繞一圈、享受全場的歡呼聲後，再通過終點。

跑者過了終點線之後就會有工作人員掃描號碼布上的條碼，然後直接快速列印出完跑證明，不用再另外排隊，非常方便。

完跑雖然沒有提供食物，但終點會場有小吃攤位可以止飢解饞；販賣的品項除了雞肉串、熱狗等常見小吃之外，還有具當地特色的沖繩豬肉湯麵。

1　2

3

1　過終點線後可以見到好幾個攤位提供「護貝完跑證書」的服務，只要花二百五十日圓就可以立即護貝完成，不用擔心下雨、打濕或折疊到。

2　即使只花台幣七百多元報名十公里的趣味路跑組，在時限內完跑一樣可以得到獎牌與完跑證明！十公里組獎牌與全馬組的材質一樣只有顏色與文字不同，非常精美。

3　在日本與美國治理之前，沖繩是個名為「琉球」的國家。琉球王朝曾向中國明、清兩個朝代進貢，所以引入了許多有中國文化色彩的傳統，到處都可以看到石獅子「風獅爺」。

在沖繩馬拉松賽道邊驚見絕地武士加油團！他們不但自備音響播放星際大戰主題曲，尤達大師還不斷對跑者「原力加持」！融合美國文化的熱情氣氛絕對是沖繩馬的一大特色，複製人士兵都比「讚」。

美軍基地駐紮、美籍居民與遊客都非常多，所以沖繩人的英文能力會比大部分日本人好，相較之下也比較大方，樂於與陌生人交流溝通。記得我在沖繩搭乘計程車時，如果司機發現我們不是當地人，居然都會主動播放沖繩民謠的音樂 CD 給我們聽，如果你是個有禮貌的觀光客，沖繩店家還有可能會給你打個折扣表達歡迎！

一般遊客通常會選在夏季到沖繩旅遊，並把海上活動、潛水等作為主要行程，每年十月到隔年四月的秋、冬兩季則是旅遊淡季；但這段時間卻是馬拉松路跑賽的旺季，而相較於容易受颱風侵襲的夏天，秋冬氣候反而相對穩定，機票也比較便宜。下水游泳可能稍嫌冷了點，但搭賞鯨船出海卻有機會看到冬季限定的大翅鯨！

我原以為冬季來沖繩跑馬拉松會少了些配套旅遊行程，沒想到卻根本玩不完！便宜、美景、美食、距離近、治安好、乾淨、居民熱情⋯⋯也難怪沖繩一直都是台灣遊客最愛前往的日本地區之一。而琉球王朝，以及美國治理時期都讓它被渲染上不同於日本的特色⋯⋯同樣地，若要說起「沖繩馬拉松」不同於「那霸馬拉松」的地方，我想就是沖繩馬拉松的全馬賽道路經琉球王朝「勝連城跡遺址」，還有美軍「嘉手納基地」，比起都市賽道，沖繩馬更能飽覽沖繩文化。

1

2

1　運動公園會場中設有背板供跑者拍照用，在起跑前就來拍照，雖然無法拿完賽獎牌入鏡，但可以避開排隊人潮。

2　沖繩馬拉松的全馬路線完全沒有折返，42.195 公里都可以看到不同的風景；但十公里組的路線為直線折返，卻也因此能見到許多跑速比自己快上兩倍的競技組選手英姿。

OKINAWA Marathon
POINT

1　沖繩馬會場沒有免費寄衣保袋的服務，寄物需要額外付費五百日圓，但不限袋子、包包種類，即使多個也可以寄放在一起；付費寄物區就在沖繩縣總合運動公園的體育館內。因為賽事起、終點是一樣的，所以如果有沒參賽的親友陪同的話，可以請對方代為保管衣物，就能省下這筆錢。

2　沖繩冬季均溫在攝氏十五至二十度間，氣候乾爽，中午會熱到二十幾度以上。因為沖繩馬的起跑時間稍晚（全馬組九點起跑，十公里組九點四十分起跑），接近中午會有點熱，一定要多補充水分。

3　全馬賽道有坡度，而且坡度主要出現在後半段三十公里前後，對跑者來說會比較辛苦（跑到那裡時又剛好接近中午，太陽很大）。十公里組則是直線平路折返，可以試著破PB（突破個人最佳成績）。

4　全馬組大會時限六小時十五分，中途有四個分段關門點。十公里組的大會時限為一小時二十分，對初跑者來說可能會有點壓力，要特別注意。

阿靖哥的沖繩馬拉松 參賽提點

5　計時晶片要回收，過終點線後會有工作人員代為拆卸下來；但如果是被關門沒在時限內跑完的跑者，則必須自己將晶片拆下交給工作人員，交回晶片可以換飲料。

6　會場沖繩縣總合運動公園的體育館內設有浴室，只要付費一百日圓就可以淋浴，即使忘記帶洗髮精、沐浴乳，也可以在浴室門口攤位買到，但毛巾則要自備。

7　要到達起終點會場沖繩縣總合運動公園沒什麼大眾交通工具，但有許多停車位，建議自行駕車前往，周邊較遠的停車場與會場間則有免費接駁巴士。如果沒有打算租車自駕，在住宿時就得選擇離會場近（可以步行過去），或是有提供馬拉松大會接駁車服務的飯店。

1　　沖繩縣總合運動公園內的「體育館」就是「付費寄物區」與「跑者休息區」。

2　　沖繩馬沒有提供免費寄物的服務，寄物要另外花五百日圓，以現金當場付費，領取時要依照自己號碼布上的編號分區領取。

旅跑行程
安排建議

因為距離台灣很近、搭飛機來回不需花上什麼交通時間,因此即使只有短短的周末假期也可以來到沖繩一趟。如果只是單純為了跑馬拉松而不玩樂的話,選擇「星期六到達、星期日跑完直接回台灣」的「兩天一夜行程」是最緊繃、最省時的安排方式,但若要加上遊覽知名景點等觀光行程的話,建議至少要安排三、四天左右,五天或以上就可以悠閒地瀏覽離島(石垣島、宮古島、久米島……等等)。

沖繩本島的面積跟一個大台中地區差不多,高開發現代化都市為本島南部的「那霸」,在那霸市區內有一條單軌電車(ゆいレール,Yui-rail)。還有許多由那霸巴士總站發車的公車,大眾運輸工具算是比較發達;但沖繩中部與北部地區的大眾交通就沒有那麼方便了……也因此,阿靖最推薦旅跑者們來到沖繩的移動方式就是「租車自駕」!出發日本前先持汽車駕照至監理所申請「台灣駕照日文翻譯本」,到時候只要帶著「台灣汽車駕照+日文翻譯本」,就可以直接在沖繩租車,非常方便。日本的車輛皆為「右駕」,行駛車道也與台灣相反;建議大家在開車時減速慢行(沖繩的車速都不快)。台灣人在沖繩開車因為搞不清楚左右而切錯車道、造成車禍糾紛時有所聞,請大家一定要多加小心!又如果你跟阿靖一樣沒有租車自駕的打算,在預定住宿點時,就建議要選擇距離沖繩馬拉松起跑點「沖繩縣總合運動公園」(位於沖繩本島中部)較近的地方,或是有提供起跑點接駁服務的旅館。

效率 !

沒假期的忙碌跑者最短行程建議

兩天一夜

星期六

1 中午抵達那霸機場。如果要租車自駕可以在那霸機場的租車櫃台辦理,建議事先從網路預訂租車,然後在機場取車。

2 到住宿點辦理 Check in,安頓好後至會場「沖繩縣總合運動公園」領取號碼布與馬拉松大會紀念品(簡章、T-Shirt)。

3 在住宿點附近享用晚餐。如果是住在距離起跑點較近的沖繩中部,建議可以到「美國村(American Village)」吃美式料理、牛排、BLUE SEAL 冰淇淋,順便逛逛商店。

星期日

1 馬拉松比賽日。早上先在旅館辦理 Check out,然後將行李暫寄在旅館。

2 跑完馬拉松後在會場「沖繩縣總合運動公園」中的「體育館」淋浴盥洗(記得事先準備毛巾,隨身物品可於賽前花五百日圓寄放在體育館中)。回飯店領取行李,到那霸機場搭飛機回台灣。

推薦 !

本島景點大致玩遍的阿靖哥行程

四天三夜

星期六

1 中午抵達那霸機場。如果要租車自駕可以在那霸機場的租車櫃台辦理,建議事先從網路預訂租車,然後在機場取車。

2 到住宿點辦理 Check in、安頓好後至會場「沖繩縣總合運動公園」領取號碼布與馬拉松大會紀念品(簡章、T-Shirt)。

3 在住宿點附近享用晚餐。如果是住在距離起跑點較近的沖繩中部,建議可以到「美國村(American Village)」吃美式料理、牛排、BLUE SEAL 冰淇淋,順便逛逛商店。

星期日

1 馬拉松比賽日。

2 跑完馬拉松回住宿點盥洗。自駕車或坐計程車、旅館接駁車到那霸市,在「第一牧志公設市場二樓」吃慶功宴,然後在「國際通」逛街,記得來支「雪鹽霜淇淋」補充鹽分與熱量。如果沒力氣移動,就在「美國村(American Village)」吃美式料理也不錯,這裡還有不少營業至深夜的酒吧。

星期一

1 往沖繩北部移動,前往「沖繩美麗海水族館」、「海洋博公園」放慢腳步瀏覽一整天。

2 回程去「古宇利大橋(日本最長的跨海大

那霸機場就位在那霸市中心附近，遊客可以先將行李寄存在大型付費置物櫃中，然後再繼續遊覽。付費置物櫃在國際線航廈中，如果置物櫃滿了，可以到旁邊國內線航廈找寄物櫃台。

橋）」、「萬座毛（自然景觀）」景點。有時間也可逛逛「名護鳳梨園」、「沖繩苦瓜園」。

星期二

1　早上先從旅館 Check out。可將行李放在旅館，也可以先把行李寄存在那霸機場的付費置物櫃、置物櫃台。

2　搭乘賞鯨船出海賞鯨，這是沖繩冬季（十二月至翌年四月）限定的行程，非常推薦為馬拉松而來的旅跑者們嘗試看看；見到鯨魚的機率高達百分之九十以上。

3　如果有租車自駕的人，可以先去還車，因為接下來在那霸市區、那霸機場之間移動都有單軌電車可以搭乘。

4　到琉球王朝的王宮「首里城」遊覽。

5　在「國際通」的商家購買藥妝、土產點心、泡盛酒等等。因為那霸機場內的商店街非常早打烊，所以建議先在國際通買好伴手禮。

6　坐飛機回台灣。

行程詳細內容與交通方式就在後面的單元！

大自然與國家公園保留區

不同於都市的自然美景！

沖繩本島面積雖然不大，就類似台灣的一個大台中地區，但北、中、南的差異性卻相當明顯；南部是高度開發的都市，中部為美軍基地所在地，北部則是保留了原始的大自然美景。

本島北部除了有悠長美麗的白色海岸線之外，知名景點還包括「美麗海水族館」、全日本最長的「古宇利大橋」、「名護鳳梨園」、「沖繩苦瓜園」……等等。也因此，建議大家至少要留下整整一個白天來遊覽沖繩北部；如果時間許可，甚至可以在海邊的度假飯店悠閒過夜。除了「美麗海水族館」之外，到沖繩就是要盡情擁抱海洋，也可視行程加入位於中北部萬座毛海岸遊覽，如果在冬季來到沖繩，甚至可以坐船來一趟賞鯨之旅。

沖繩北部雖然完全沒有大眾運輸系統，但要在景點停車都非常方便，所以強烈建議大家租車自駕。如果沒有租車打算的話，其實可以跟飯店預約「一日觀光巴士」的行程，巴士將行經以「沖繩美麗海水族館」為主的幾個景點，依人頭計價；缺點是時間與路線都是固定的，沒有機動性，優點是隨車會有導遊講解（日文）。另外一個方式也是我所採用的方式「包計程車」，日本計程車跟台灣一樣通常是跳錶計費，但如果包下觀光計程車就是計時計費；雖然不便宜，但機動性很高，只要在時間預算之內想去哪都可以跟司機說。如果有搭觀光計程車的計畫，可以請飯店櫃台幫忙預約；也記得要先詢問價格。

大家對沖繩既定印象中的美麗沙灘海景，其實通常會出現在沖繩本島的北部地區或離島。雖然冬天來到海邊有些許涼意，但碧藍美景還是令人心曠神怡。如同大象鼻子一般的高聳懸崖是恩納村「萬座毛」的最知名景觀。

Address 沖繩縣國頭郡本部町字石川 424 號
Time 十月到隔年二月／早上 8：30 ～晚
上 6：30（傍晚 5：30 停止入館）
夏季（三月到九月）／早上 8：
30 ～晚上 8：00（晚上 7:00 停止
入館）
Web oki-churaumi.jp

景點

沖繩美麗海水族館

沖繩必訪景點！全世界最大的魚缸裡鯨鯊悠游！

如果要說沖繩有什麼「第一名的必訪景點」，那絕對非「美麗海水族館」莫屬！即使只是為了參觀美麗海水族館，也很值得特別來沖繩一趟！美麗海水族館屬於「海洋博公園」之內，海洋博公園占地非常廣大，可遊覽的設施也多，建議至少要花上整整一個白天在此地，不然就太可惜了。

美麗海水族館之所以世界知名，主要是因為館內有個高十公尺、寬三十五公尺、水量多達七千五百立方公尺的水槽「黑潮之海」。「黑潮之海」是金氏世界紀錄最大的水槽，裡頭飼養著長達九公尺以上的巨大鯨鯊、鬼蝠魟，以及其他七十多種海洋生物；如果在下午三點與下午五點兩個時段前來，將會看到鯨鯊垂直進食的餵食秀，相當震撼。這個水族缸不僅止於供遊

每天下午三點及傍晚五點是「鯨鯊餵食秀」的時間，時間一到，二樓就會降下大型投影布幕，與黑潮之海水族箱上的飼育員即時現場連線。巨大鯨鯊的主食居然是小蝦米，牠直立進食的模樣相當具震撼力，推薦必看！

客觀賞，它也成功復育了很多鯨鯊與鬼蝠魟，對於回饋自然環境有很大的助益。海洋博公園中另一個知名的場所是「海豚劇場」，這裡的海豚表演兼具寓教於樂，不須另外購買門票（海豚餵食體驗要門票五百日圓）；還有「海龜館」與「海牛館」也都很值得一看。

海洋博公園是免費參觀，美麗海水族館的入館門票則是一千八百五十日圓（成人單獨購買，二十人以上團體另有優惠），下午四點後到閉館前則有一千兩百九十日圓的優惠價格。裡頭光是黑潮之海水族箱旁的「Ocean Blue」咖啡館，就可以待上好長一段時間，不同時間區域還會有解說員進行免費解說（日文）。在水族館出口的商店「Blue Manta」中有販售很多海洋生物相關商品，其中由沖繩美麗海水族館與日本資生堂合作開發的保養品必買！吸油面紙、護唇膏都有著海洋精華成分與宜人香氛，當作伴手禮也很不錯。

賞鯨的船型各有不同，但通常是速度
比較快的中型遊艇；由於追鯨魚時加
速很快，船身晃蕩大，容易暈船的人
記得要先吃暈車藥。

Web Marine House SEASIR 潛水公司
賞鯨團：
www.seasir.com/ct/whale.htm
座間味賞鯨協會：
www.vill.zamami.okinawa.jp/
whale/taiwan/taiwantoppage.
html （繁體中文）

海上
活動

出海到座間味村海域賞大翅鯨

一般來說，沖繩的觀光旺季是在適宜進行浮潛等水上活動的夏
季；但選在夏季來沖繩，不但機票比較昂貴，要預訂飯店房間、
租車也更困難。如果是為了參加十二月的「那霸馬拉松」或是
二月的「沖繩馬拉松」而來的話，不但能剛好搭上遊客較少的
淡季；還有機會見到大翅鯨在海上跳躍的驚人景象！

冬季限定的行程！

「大翅鯨」就是「座頭鯨」，是一種成鯨身長可達十六公尺的
大型鯨魚。牠們每年的冬季至春季，會遠從阿拉斯加海域遷徙
到溫暖的沖繩海域繁殖；也因此，在沖繩出海看到大翅鯨是種
「冬季限定」的行程，非常難得！建議因參加馬拉松而來到沖
繩的旅跑者們一定要試試看。沖繩很多飯店都有提供預約賞鯨
與專車接送的服務，建議大家向飯店櫃台詢問看看；如果沒有
的話，可以聯絡賞鯨團預約行程，然後在指定時間自行到港口
搭船（本島的港口也可搭船）。

景點簡介

沖繩美麗海
水族館

萬座毛

座間味村
賞鯨

沖繩市（本島中部）

美國村所在地！

「沖繩市」位於沖繩本島中部，雖名為「沖繩市」，但這裡並非沖繩最繁華的商業區。雖然購物、觀光與交通的便利度都比不上位於本島南部的「那霸市」，但這裡卻有著非常不同於全日本的美國風情。西元一九四五年二次大戰後美軍占領沖繩群島，直到一九七二年才將其歸還日本，而這由美國治理的二十七年間，被琉球當地人稱之為「美國世（アメリカ世）」。「美國世」時代留下的庶民文化遺跡，不外乎商場、爵士樂與飲食習慣；「Plaza House 購物中心」、「沖繩式牛排」、「BLUE SEAL 冰淇淋店」都由此而生。

直至今日，雖然沖繩在日治後愈來愈趨「日本化」，但在本島中部「嘉手納空軍基地」一帶還是住有很多美國人及軍人眷屬。「乍看之下是日本，仔細看看很像中國或台灣……回頭看卻又變成美國了！」這就是沖繩市的街景氛圍。

「沖繩馬拉松」的賽道路線大致上是繞沖繩市一圈，其中會路經琉球王朝「勝連城跡」與美軍「嘉手納空軍基地」兩大景點。沖繩中部的大眾運輸並不發達，但因為距離不遠，即使在此區域內搭乘計程車移動也不算太貴。

住宿建議

東京第一飯店（沖繩格蘭美爾度假酒店）
沖繩馬拉松的主舞台在沖繩中部「沖繩市」，這區域大眾運輸不便，因此若沒有租車自駕打算的旅跑者，最好是住在距離起跑點較近的地方。

起跑點「沖繩縣總合運動公園」附近的飯店選擇極少……但兼具舒適度與便利性的「東京第一飯店（沖繩格蘭美爾度假酒店）」則相當不錯，雖然飯店周遭沒有鬧區與商店，但飯店本身就有提供跑者至起跑點的免費接駁車服務，步行過去也只要二十分鐘。而若要到美國村逛街、或從那霸機場來回，飯店也有可預約的免費巴士；多加利用能節省下不少旅費！

那霸機場 → 東京第一飯店
Naha Airport　Tokyo Dai-ichi Hotel Okinawa

那霸機場至東京第一飯店的交通方法

要特別注意的是：東京第一飯店在沖繩本島有兩間！一間位於那霸市區
（Tokyo Dai-Ichi Hotel Naha City Resort），這次介紹的這間則位於沖繩市
（Tokyo Dai-ichi Hotel Okinawa Grand Mer Resort）；千萬不要搞混了！
如果是搭計程車，報飯店名稱後，司機通常也會詢問是「NAHA？」還是
「OKINAWA？」，這時記得要回答：「OKINAWA」

如果沒租車自駕，要從那霸機場前往東京第一飯店有兩個方法：

1　直接搭計程車，車資約在六千日圓到七千日圓之間，如果能找到幾個人共乘分攤其實不會很貴。

機場接駁巴士時間表與上車位置圖：
daiichihotel-okinawa.com/access.html
預約巴士電話：+81 98-931-1500（英語可通，也可以請客服轉交會說中文的服務人員接聽）

2　先上網向飯店預約免費巴士，然後在指定時間到國內線航廈門口的左方搭乘。雖然這接送巴士是免費的，但一定要事先預約才能搭乘；一車人數限定為二十人，所以如果因旅客太多而排到較晚的巴士班次，也可以先將行李寄放在那霸機場（有付費置物櫃或置物櫃台），然後先到那霸市區遊覽，時間到了再回機場坐巴士。

1　2
3
4

1　飯店櫃台接待人員的服務態度相當好，也有會說中文的服務人員。這裡除了可以辦理入住退房、預約巴士、預約付費旅遊行程，例如賞鯨行程、美麗海水族館觀光等等，也都是在櫃台辦理。

2,3　這是來往沖繩馬拉松會場最方便的大型飯店；所以在沖繩馬拉松期間，這間飯店會住進大量跑者房客，也因此在一樓的小賣店會特別擺放些能量食品出來販售。飯店還有提供馬拉松跑者的特價按摩服務，一定要事先預約！

4　東京第一飯店中的日本料理餐廳「珠那」有點餐吃到飽服務，除了螃蟹，還有生魚片、壽司、沖繩料理等等，全都是現點現做吃到飽，只要兩千五百日圓，小孩半價！非常超值，建議一定要預約！

Address
沖縄県沖縄市与儀 2 丁目 8 番 1 号
Web
daiichihotel-okinawa.com

吃喝
玩樂

美國村

完全不同於日本的美國風情！

沖繩被美國治理了二十七年，這二十七年的日子雖然不長，但也留下了許多庶民文化遺跡，而沖繩美國村聚落就是於「美國世」期間出現的；一開始只是開設些為了滿足美籍居民日常採買需求的商場，但後來牛排館、爵士酒吧、Live House 隨之興起，更孕育出不一樣的地方特色。在沖繩回歸日本之後，美國村聚落並沒有因此而沒落；除了因島上依然有美軍駐紮之外，在約一九九五年期間，大型商場紛紛進駐此地，將美國村改造為觀光購物勝地；於是這裡便成為全世界遊客都會來訪的知名景點。

在沖繩馬拉松期間來到美國村，剛好可以遇上西洋情人節前後，整個美國村都會放上充滿情人節氣氛的浪漫擺飾！美國村

內還有保齡球館、電影院、度假飯店、
Depot 運動用品店，旅跑者們可以多
花點時間去逛逛。

在美國村內的商店、餐廳消費有個好
處，就是這裡的店員幾乎都會說英文；
對不會日文的觀光客來說很方便。

1
2
3

1　美國村內商店林立，其中包括不少美系品牌服
飾。走在這裡若不是因部分商家擺著日文標示，
還真的感覺不出是身在日本。

2　美國村中最有特色的購物中心莫過 Depot
Island，這裡面的巷道狹隘、商家林立，走進去就
有種在尋寶的感覺。

3　沖繩馬拉松舉辦期間剛好會落在西洋情人節的
前後，而全沖繩最有情人節氣氛的地方當然就是
美國村了！不管有沒有情人，都一定要來拍拍照、
感受不一樣的氣氛！

BB牛排館的店門口大大地掛出了「石垣牛」與「AGU豬」的旗子，無論香味還是店中的氣氛，都在在顯示出料理的美味程度。店員英文非常好，客人也以外國觀光客或美國人為主。

Address 沖縄県中頭郡北谷町美浜9-1
デポアイランドA棟2F
（美國村內）

Time 早上11：00～晚上10：00

美食

STEAK HOUSE BB

沖繩風味檸檬牛排！還有限定的石垣和牛、AGU豬！

走在美國村範圍中，最令人把持不住、心慌意亂的香味，就是「煎牛排」的味道了！這裡充滿美式牛排餐廳，其中包括傳統牛排館，還有像BB這種販售有「沖繩特色牛排」的餐廳！

檸檬牛排、山葵牛排都可以選擇牛肉產地（澳洲、美國）與部位、熟度，價格合理，日幣兩千多元就可以吃到品質很棒的牛排套餐。如果預算比較充足的話，這裡也能吃到沖繩當地原生種的黑毛和牛「石垣牛」牛排、漢堡排！還有沖繩的豬種「AGU豬」製成的豬排。

Address 沖縄県中頭郡北谷町美浜 9-1 デ
ポアイランドビル C2 階
Time 早上 11：00 ～晚上 11：00

這碗沖繩麵中有豬腳、焢肉、滷
豬軟骨肉，配上紅甜薑完全不油
膩，吃的時候別忘了淋上桌邊所
附的泡盛辣椒。

美食

龜善食堂 かめぜんしょくど 美國村中的道地沖繩麵料理！

一般來說進入美國村，通常都會想吃牛排、早午餐等美式料理，
但在 Depot Island 購物中心中，卻有一家非常美味的「沖繩麵
店」；裡頭除了沖繩麵之外，還有丼飯、墨西哥 TACO 飯、泡
盛調酒等沖繩美食。

「沖繩麵（沖繩そば）」是屬於沖繩獨見的鄉土料理，對吃慣
「拉麵」、「蕎麥麵」與「烏龍麵」的日本本島人來說非常特
殊⋯⋯但事實上，沖繩麵不僅麵條口感與台灣人習慣的湯麵類
似，搭配的還是燉煮到軟爛的「焢肉」或「豬腳」⋯⋯可以說
是極符合台灣人的口味！也因此來到沖繩時，請一定要嘗試沖
繩麵這道料理；而龜善食堂的沖繩麵算是做得非常好吃。

Address 沖繩縣中頭郡北谷町美浜 1-5-8
Time 早上 10：00～凌晨 1：00
Web www.blueseal.co.jp
（有中文）

BLUE SEAL 是沖繩之光，濃郁的奶香味加上沖繩食材是最大特色。雖然沖繩各地的分店很多，但在美國村範圍的「北谷分店」中，可以見到顧客九成以上都是美國人。

美食

BLUE SEAL 冰淇淋（北谷店）

只有沖繩才有的美式冰淇淋！

「美國世」為沖繩帶來了不少影響，這讓沖繩人比日本本島人更愛吃乳製品，也因為美軍駐紮，才造就 BLUE SEAL 冰淇淋品牌的誕生。一九四八年，總公司位於美國的 Foremost 公司，為提供留駐沖繩的美軍人員乳製品，便在沖繩中部的「宇流麻市」販售 BLUE SEAL 冰淇淋，而當時 BLUE SEAL 是僅限於美軍基地內才能買到的珍貴商品，之後才慢慢融入沖繩一般民眾的生活。

BLUE SEAL 之所以會大受歡迎，除了因為濃郁的乳香味之外，善用沖繩在地素材也是一大特色！紅芋、雪鹽都是一定要嘗試的口味，真的很好吃！若說「沒吃過 BLUE SEAL 冰淇淋，就等於沒來過沖繩」，此話一點都不誇張。

景點與美食簡介

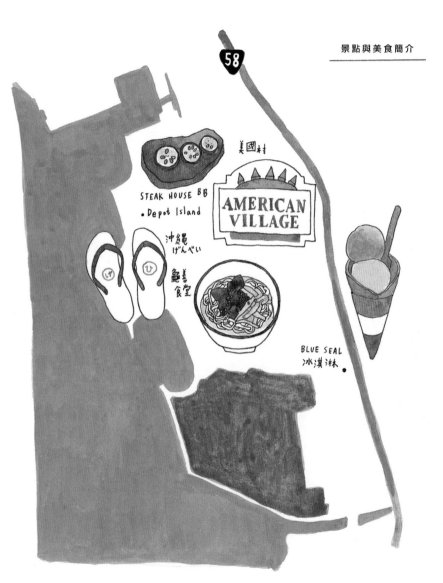

58

STEAK HOUSE BB

• Depot Island

美國村

AMERICAN VILLAGE

沖繩
げんべい

龜善
食堂

BLUE SEAL
冰淇淋 •

現代化都市鬧區

本島南部、那霸市

沖繩最繁榮的地區！

沖繩南部包括那霸市、豐見城市、糸滿市、南城市、島尻郡，總稱「那霸都市圈」；而其中「那霸市」為沖繩的第一大城，也是人口最集中、最繁華的地區。沖繩知名的馬拉松賽事除了中部的「沖繩馬拉松」之外，「那霸馬拉松」每一屆也都能吸引數百甚至破千位的台灣跑者參加。由於機場就位在那霸，這裡不但有單軌電車可以搭乘，公車的班次與路線也完整，所以外國遊客來到沖繩，大都會選擇住宿在沖繩南部地區。

沖繩的單軌列車名為「ゆいレール（Yuirail）」，從那霸機場到首里城共十五站，平均每十分鐘就有一班，非常方便。單軌電車的票價以站距計價，從兩百三十日圓到三百三十日圓不等，如果一天會搭乘到三趟以上，就建議購買「一日券（七百日圓）」或「二日券（一千兩百日圓）」，還有「單軌電車＋那霸巴士一日券（一千日圓）」可以購買。

那霸最熱鬧的地方是大名鼎鼎的「國際通」，這名稱自美軍命名後沿用至今，一條街上大型商場、百貨公司、餐廳林立；可以說它是「最不像沖繩的地方」，但商家們販售的卻都是沖繩獨有的商品，觀光客們如果要採購伴手禮、土產，或是日本藥妝，只要到國際通一趟就可以準備齊全。本島南部還有個必去的景點「首里城公園」，首里是古代琉球王國的首都，而這裡就是皇宮遺跡所在地；到首里城公園可以見到很不同於日本傳統文化的琉球歷史風景。另外，對於冬季來到沖繩跑馬拉松的旅跑者來說，搭賞鯨船出海可是「冬季限定」的行程，請一定不要錯過了。

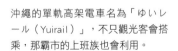

沖繩的單軌高架電車名為「ゆいレール（Yuirail）」，不只觀光客會搭乘，那霸市的上班族也會利用。

Address　沖繩縣那霸市松尾 1-2-5

Traffic　從沖繩單軌電車「縣廳前」站徒步
　　　　約兩分鐘

Time　早上 9：00～晚上 10：00

Web　www.okashigoten.co.jp

美食

伴手禮

御菓子御殿

沖繩名產「紅芋」製成的甜點！

「紅芋（紅いも）」是沖繩特產的農產品，類似台灣的「紫心地瓜」，但卻擁有紅豆般的香氣；也因此在沖繩可以買到很多由紅芋製成的甜點、麵條等等加工食品，就連 BLUE SEAL 冰淇淋最出名的也是紅芋口味。將沖繩紅芋甜點發揚光大的商家是「御菓子御殿」，其中招牌商品「紅いもタルト」更是大受歡迎，每年能賣出一千萬個以上！「御菓子御殿」在沖繩有許多家分店，那霸機場裡也有，是能夠輕鬆買到的伴手禮。

裝潢華麗、頗有琉球王朝風情的「御菓子御殿」是以販賣沖繩紅芋製成的點心而聲名大噪，其中招牌商品年銷售量高達一千萬個！

Address	沖繩縣那霸市牧志 3-2-59
Traffic	從沖繩單軌電車「牧志」站徒步約十分鐘
Time	早上 9：30 ～晚上 9：00
Web	www.ma-suya.com.tw

「鹽屋」號稱是全日本規模最大的「鹽專賣店」，簡直就像個小博物館一樣！鹽是生活必需品，而沖繩產的海鹽則相當有名，在這裡更可以買到世界各地的鹽。雖然鹽屋在台北也有分店，但沖繩店的商品種類還是比較齊全。

美食

鹽屋

跑完馬拉松必吃的雪鹽霜淇淋！

為台灣人所熟知的「沖繩名產」真的非常多，除了黑糖之外，「海鹽」也是在外國銷售非常好的商品。沖繩有美麗乾淨的海洋景色，也生產高品質的海鹽，有些高價位的鹽品甚至是以古法日曬製作的；而「鹽屋」這家專賣店就像是個小型博物館，不但推廣了沖繩引以為傲的海鹽，也販售來自全世界各地的岩鹽、湖鹽、藻鹽……在這裡光是試吃就令人大開眼界！

除了原味鹽之外，鹽屋還特製了數十種專為各種料理設計的「調味鹽」；飯糰用的鹽、煮湯用的鹽、牛排專用鹽、義大利麵專用鹽……等等，無論送禮自用都是實用又具特色的伴手禮。招牌商品「雪鹽」是產自沖繩宮古島的珊瑚石灰岩，具有較多的礦物質，且口感溫和甘甜，我平常都會在瓶裝水中放入一小匙雪鹽帶去跑步，適時補充礦物質與鹽分。

鹽屋除了各式各樣的鹽之外，「雪鹽霜淇淋」也是招牌商品；加了雪鹽成分的霜淇淋明明是香草牛奶口味，吃起來卻完全不甜膩！在店內還可以撒上不同口味的調味鹽來吃，讓每一口都有變化。在跑完馬拉松、大量流汗之後來上這一味真是幸福！

有「沖繩的廚房」之稱的「第一牧志公設市場」入口在商店街內，依照標示就可以找到。由於市場在室內，即使天氣不好也可以來逛；而且市場內非常通風乾淨，完全沒有菜市場常有的異味。

Address 沖繩縣那霸市松尾 2-10-1
Traffic 從沖繩單軌電車「牧志」站徒步約八分鐘。
Time 早上 6：00～晚上 8：00

美食

購物

第一牧志公設市場

沖繩生鮮食材！還可以買海鮮到二樓料理！

我非常喜歡逛菜市場，尤其到了陌生的環境；因為我總認為逛菜市場是最能直接了解當地庶民生活的方式。「第一牧志公設市場」又被稱作「沖繩的廚房」，其重要性等同於東京的築地市場。在第一牧志公設市場能買到各式各樣的生鮮食材，包括 AGU 豬的豬肉、豬頭皮（沖繩人很喜歡吃豬頭皮滷味）、豬腳、熱帶海域的新鮮海產，還有苦瓜泡菜等等只有沖繩才看得到的特色美食。

市場一樓賣生鮮食材，二樓則是熱炒餐廳；遊客可以將一樓買到的海產帶到二樓請店家代為烹調，店家會依料理方式酌收料理費，不過價格都很合理。其中一家常被媒體報導的「燕食堂」算是台灣人較熟悉的店；因為老闆娘是台灣客家人，這裡的店

1,2　在一樓買生鮮海產請店家處理，然後再叫些熱炒菜是來牧志公設市場最推薦的吃法。這些月光貝、龍蝦做成生魚片都相當好吃；再配上沖繩特產的 Orion 啤酒更是人間美味。

3　「燕食堂」位於牧志公設市場的二樓，由於二樓店家不多，所以並不難找。這裡是旅遊書籍、電視媒體常常報導的店家，總是高朋滿座。

4　沖繩的苦瓜是沖繩特有種，外型為綠色長型，吃起來口感清脆而且沒什麼苦味；最經典的沖繩料理法就是把苦瓜與「島豆腐」、「罐頭肉」、「雞蛋」炒在一起，而燕食堂的這道苦瓜炒蛋做得非常好吃。

1
2
3
4

員也多是老闆親戚，所以點餐時說國語、台語、客家話都通！這家店除了沖繩料理之外，還有些中華、台式及客家熱炒料理，所以有很多沖繩當地的日本人也會來吃，用餐時間幾乎都會呈現爆滿狀態，建議大家可以避開尖峰時段過來。

首里城是琉球王朝的城堡，由於琉球王國是中國明、清兩代的藩屬國，受中國文化影響深遠；所以城堡的形象也很具有中國味，跟日本的城堡乍看之下完全不同。

Address 從沖繩單軌電車「首里」站徒步到正殿約十二分鐘。
Fee 成人八百二十日圓
Time 四、五、六、十、十一月：早上 8：30～晚上 7：00
（晚上 6：30 最後入館）
七、八、九月：早上 8：30～晚上 8：00
（晚上 7：30 最後入館）
十二、一、二、三月：早上 8：30～晚上 6：00
（傍晚 5：30 最後入館）
Web oki-park.jp/shurijo

景點

首里城公園

重建後的華麗琉球王朝城堡！

沖繩本為「琉球王國」，琉球王朝自十四世紀開始治理沖繩長達四百多年，也造就了沖繩地區的歷史特色。琉球國本為中國明、清兩代的藩屬國，這也是為什麼沖繩充滿了「風獅爺」、「石敢當」等受中國風水習俗影響的文化傳統。「首里城」在十一到十四世紀時是中山王國的都城「中山城」所在地，一四二六年琉球王國建立後，這裡便成為琉球政治、經濟、文化和對外貿易的中心。

現在我們所看到的首里城非常華麗漂亮，但其實是經過很大工程的整修與重建，才有如此的樣貌⋯⋯十六世紀日本薩摩藩入侵，首里城內的文物珍寶遭到劫掠與破壞，第二次世界大戰期間，美軍更是多次轟炸此地⋯⋯所幸之後首里城經過復建，在二〇〇〇年被聯合國教科文組織列為世界文化遺產。

景點與美食簡介

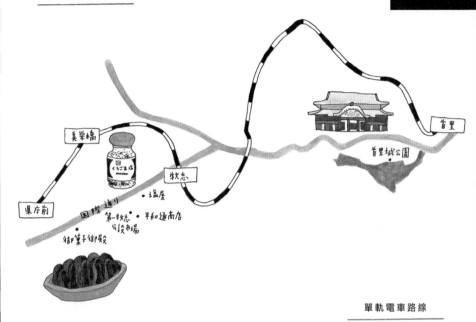

美栄橋

県庁前

国際通り

牧志

塩屋

第一牧志公設市場

平和通南店

御菓子御殿

首里

首里城公園

單軌電車路線

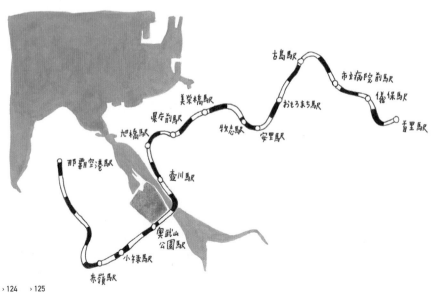

古島駅

市立病院前駅

美栄橋駅

おもろまち駅

儀保駅

県庁前駅

牧志駅

安里駅

首里駅

旭橋駅

那覇空港駅

壺川駅

奥武山公園駅

小禄駅

赤嶺駅

42km

10km

3.5km

靜岡
馬拉松。

SHIZUOKA
Marathon

跑在海岸線眺望雄偉富士山

由於靜岡馬拉松是為了慶祝「德川家康公顯彰四百年記念事業」，所以賽道邊可見許多應援者裝扮成武士隨扈們，非常有特色。

靜岡マラソン

————

舉辦日期 —— 每年三月。

起跑地點 —— 靜岡市葵區役所前。

全馬終點 —— JR 清水站。

賽事組別 —— 全程馬拉松組、十公里組、三點五公里小學生組。

大會時限 —— 全程馬拉松組五小時三十分（七個關門點）、十公里組一小時三十分、三點五公里小學生組二十五分鐘。

官方網站 —— www.shizuoka-marathon.com

參賽人數 —— 全程馬拉松組一萬兩千人、十公里組一千人、小學生組一千人。

報名方式 —— 1. 網路報名，在官網加入會員、信用卡繳費後確認報名。
2. 旅行社代辦報名。

費　　用 —— 1. 全程馬拉松組：一萬日圓。
2. 十公里組：三千日圓。
3. 小學生組：一千日圓。（二〇一五年資料）

賽道難度 —— 全馬路線大致平緩好跑。十公里組與三點五公里小學生組路線完全平坦。

關鍵字 —— 富士山・草莓・德川家康。

靜岡馬拉松的簡介與歷史

如果對日本歷史稍有了解的人一定都會知道「德川家康」這號人物，家康公被稱為「第一任征夷大將軍」，是他平定了戰國時代並開啟了日本幕府時代，而他的世家隨後治理了日本長達數百年之久，對日本的文化與歷史都帶來極重大的影響。德川家康雖然於「三河國（現在的愛知縣東部）」出生，但人生中有高達三分之一的時間在「駿府（現在的靜岡市葵區）」度過；家康公逝世後被神格化供奉的寺廟「久能山東照宮」也建於靜岡市。靜岡原本於一九七六年開始就有一場名為「靜岡駿府馬拉松」的半程馬拉松賽事，但在二〇一四年由靜岡市政府接管規劃為大型全程馬拉松賽事；並將大會全名定為「德川家康公顯彰四百年紀念事業——靜岡馬拉松」，以紀念德川家康這位大人物的貢獻。

到二〇一五年為止，靜岡馬拉松雖然才舉辦過兩屆，但卻因為完整的規劃、平坦的賽道與美景而頗受國際矚目。靜岡馬拉松與「台北富邦國際馬拉松」有做跨國結盟，而兩場賽事會互相交換菁英選手與邀請選手；大會對來自台灣的跑者特別禮遇，甚至備有台灣專屬的休息區！由此就能想見往後會有更多台灣人特地來參加靜岡馬拉松。

靜岡最出名的景色是富士山美景，從靜岡縣看到的富士山特別雄偉壯麗；而其中最受人矚目的觀景地點之一，就是從駿河灣隔海遠眺的富士山。靜岡馬拉松大會路線特別規劃了好幾個能見到富士山的絕美景點，包括三保松園、駿河灣……凝望著富有神聖色彩、被列為「世界文化遺產」的富士山跑步，42.195 公里一點都不會無聊！在補給方面，除了一般馬拉松大會必見的飲水、運動飲料、香蕉之外，還有靜岡當季特產的草莓、特色美食靜岡黑輪等等，吃到的跑者都大呼過癮！

雖然靜岡馬拉松已經連續有兩屆的比賽日都碰到陰雨天，多少影響了觀賞富士山的景色，但超完善的規劃與熱情的志工、美食等等，都還是讓跑者們大大讚賞！

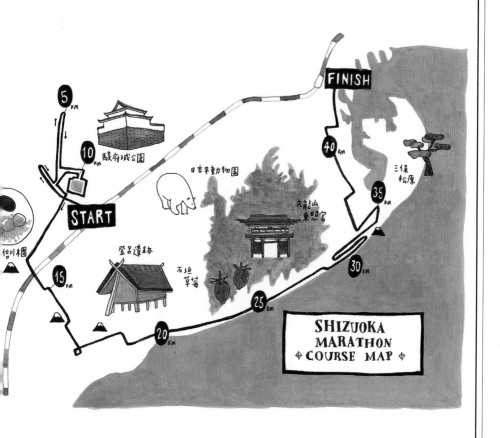

SHIZUOKA
MARATHON
⊕ COURSE MAP ⊕

靜岡馬拉松的起跑地點位於靜
岡市政府前,雖然二〇一五年
僅是第二屆而已,卻已經非常
有國際大型賽事的氣勢。

我與我的靜岡馬拉松

蔡瑋中

二十八歲，來自台灣台北市，任職於運動筆記網站

Q—你為什麼會想參加「靜岡馬拉松」？

A—二〇一四年底參加靜岡縣駐台辦事處策劃的演講「來靜岡，開跑吧！」，聽到同事 Sunny 分享跑「袋井皇冠哈密瓜馬拉松」的心得與沿途美景，加上賽事主辦單位對於台灣跑友的熱情與重視，當下深深被打動，下定決心要用雙腳體驗靜岡。

Q—你覺得「靜岡馬拉松」的賽事有什麼特色？

A—緩慢的步調、壯麗的美景與友善的人情充斥在環境中，隨便抬頭就可以見到世界遺產富士山，說靜岡馬拉松是欣賞富士山的最佳賽道一點也不為過！（不過得祈禱不要再下雨囉！）

Q—你在參加「靜岡馬拉松」的過程中有發生什麼有趣的事？或是令你難忘的事件？

A—賽道中段長達十 K 的海岸線，右側可遠眺駿河灣、左側可欣賞富士山（天氣好的話），不過，在惡劣天氣下海風加上大雨，這段路成了最艱難的考驗！還好經過一大片草莓園，超美味的草莓補給成了讓我繼續支撐下去的動力！

Q—用一句話（二十字以內）形容「靜岡馬拉松」吧！

沒有下雨的話，這絕對是文化與美景兼具的極品馬拉松！

高世軒

三十八歲，來自台灣台北市，旅遊業

Q—你為什麼會想參加「靜岡馬拉松」？
A—當地人非常友善，與日本人跑步非常開心，靜岡馬以德川家康為背景，我很喜歡歷史故事結合運動的活動。

Q—你覺得「靜岡馬拉松」的賽事有什麼特色？
A—德川家康為主角、搭配武將替參賽者加油，感覺回到歷史時代，連結海岸線，右邊看海左邊看富士山，非常漂亮，當地季節草莓非常好吃。

Q—你在參加「靜岡馬拉松」的過程中有發生什麼有趣的事？或是令你難忘的事件？
A—來靜岡騎單車已經三次，這次第一次用跑的，也與更多日本人一同運動，靜岡人在跑馬拉松，不管二十幾歲到六十幾歲，每個人都很有活力的笑著跑完，何況是下大雨這麼冷的天氣還是能笑著完賽真的很棒。

很貼心的賽事，不管在任何細節上都很照顧跑友，晶片也是為了讓跑友不用蹲下來，在終點幫選手解開，靜岡馬拉松結合歷史人物德川家康，帶來非常多周邊效應。

Q—用一句話（二十字以內）形容「靜岡馬拉松」吧！

讓您時光倒流，與德川PK、人情味很讓人感動。

靜岡馬拉松的賽道行經「草莓海岸」，這條美麗
的海岸線在天氣晴朗時，不但能看到富士山，還
有許多草莓園；馬拉松大會也在此準備了當季盛
產的新鮮草莓當補給，讓跑者們大快朵頤。

静岡マラソン実行委員会事務局　提供

静岡マラソン実行委員会事務局　提供

静岡マラソン実行委員会事務局　提供

12 4
3

1　靜岡馬拉松的終點在清水車站，雖然已經連續兩年的比賽日都遇上濕冷雨天，但在惡劣天候中完跑的跑者更是充滿喜悅。

2　除了草莓之外，靜岡名產的魚板黑輪也是特色美食，馬拉松大會準備了許多黑輪為跑者做補給；在濕冷的天氣喝上一碗真是舒服！

3　靜岡馬拉松有與「台北富邦國際馬拉松」結盟，也因此有許多來自台灣的菁英選手參賽；大會對台灣也特別禮遇，會邀請台灣代表們參與賽前酒會。

4　靜岡馬的路線行經
許多景點，其中包括推
崇德川家康公的「淺間
神社」。

阿靖哥的靜岡馬拉松
私房旅遊攻略

我第一次來到靜岡是在二〇一二年，那時候是到位於靜岡縣濱松市的「中田島砂丘」擔任模特兒進行拍攝工作，那一個多星期的工作時間裡雖然沒去過太多地方遊覽，但對靜岡縣的印象是「乾淨」與「富士山」；當時就覺得這裡絕對是我以後會再訪的地方。我很重視飲用水的水質，我認為只要喝好的水，身體機能、皮膚狀況等等自然會好，而靜岡的地下水飲用起來甘甜到令我驚豔！後來我才知道原來那是富士山經過千年濾淨的伏流水，也難怪靜岡出產的綠茶世界知名，光是茶樹的生長環境就極度乾淨了，連泡茶的水都是富士山礦泉水。

日本人自古以來即將富士山視為聖山，而富士山也在二〇一三年正式被聯合國登入為「世界文化遺產」。為何是「世界文化遺產」而非「世界自然遺產」？海拔高度三千七百七十六公尺的富士山在世界自然景觀中算不上宏偉（在南美洲有高達海拔六千八百多公尺的火山），但富士山對日本文化的影響卻不容小覷，甚至可以說富士山就代表著日本精神，還深深影響了上億日本人的靈魂與生命觀。

國際皆知的藝術品《富嶽三十六景》為浮世繪畫家葛飾北齋的作品，而他所描繪的就是觀覽富士山的三十六種景色；其中《神奈川沖浪裏》這幅更是全世界曝光率最高的浮世繪，連印象派大師梵谷也都受到此畫啟發才繪出《星夜》（De sterrennacht）這幅世界名作。富士山並不是一座很高的山，但它對於日本、甚至是世界文化歷史的重大影響，都讓它足以被聯合國列為「世界文化遺產」。

靜岡全縣能見到富士山的角度非常多，在草莓海岸工作的草莓農家也能天天望著富士山工作，這景象怎麼看都不會膩。

如果能跑在富士山的美景之下一定是很夢幻的事！而靜岡馬拉松的路線就是如此。靜岡馬拉松是為了紀念「德川家康公顯彰四百年紀念事業」而舉辦，所以在路線中必定會特別行經駿府城、淺間神社、臨濟寺、久能山東照宮等等與德川家康公有歷史淵源的景點，但卻也可以在路線中透過清水港瞭望宏偉的富士山。富士山雖然海拔高度不高，但因為四周全是廣大的平原而讓它顯得極有存在感，親臨現場感覺像是看到拍電影用的「景片」一樣不真實！

如果在跑馬拉松時能見到如此景象真的非常震撼人心，但很可惜的是靜岡馬拉松已經連續兩屆遇到濕冷的大雨天，海岸線很可惜地什麼都看不見……不過到二〇一五年為止也才第二屆而已，相信以後一定有機會讓跑者感受大會用心設計的美景路線！話說回來，靜岡馬拉松的賽事規劃非常純熟完整，志工人數多、分工細膩，完全不像是才短短舉辦過兩屆的新賽事。未來頗有成為國際矚目大型賽事的機會。

我參與了二〇一五年的第二屆靜岡馬拉松大會，這次只參加十公里的體驗組，完跑之後我便立刻搭車到位於清水車站的終點線前，為來自台灣的其他全馬跑者們加油。由於靜岡馬拉松與台北富邦國際馬拉松做了跨國結盟，所以這次也有台灣的菁英選手受邀參加，分別為徐君宇、簡培宇兩位男女國手。大會對台灣跑者非常禮遇，不但邀請我們參加賽前酒會，地方媒體也特別採訪報導；終點還準備

靜岡馬拉松的會場設立在戶外，與其說是 EXPO 博覽會，倒不如說像夜市或廟會一般有著歡樂氣氛。

馬拉松戶外會場還有許多小吃攤位，全都是靜岡當地的特色名產美食，包括著名的炸蝦天婦羅飯糰，其中這個來自名店的迷你大阪燒非常好吃！

馬拉松大會的紀念商品全部都是數量限定，建議在賽前的博覽會一定要趕快購買。紀念商品除了常見的毛巾、T-Shirt 之外，居然還有印上靜岡馬拉松圖案的仙貝米果與棉花糖！

1
2

1　在靜岡馬拉松戶外會場見到濱松市的吉祥物家康公！家康公身上的鋼琴、與胸前的蜜柑家徽可都是濱松名產，他的髮髻還是條鰻魚，非常可愛。

2　和家康公相呼應的，是跑道上為跑者加油的武士們。

1　　我在起跑前與駿府城合影，雖然當天氣候非常寒冷，但相信有了家康公庇蔭一定會是場好賽事！

2　　即使是大雨天依然無損應援團的熱情，在跑道上可以看見美少女們在為跑者加油。

3　　過了終點之後，工作人員會為跑者披上完賽毛巾；這熱情舉動讓跑者疲累盡消。

了台灣跑者們專屬的休息區。

二〇一五年這屆比賽當日的天氣狀況非常惡劣，氣溫不到攝氏九度，大雨滂沱；不只選手們跑起來費力，工作人員與加油團更是辛苦……無論是補給站的志工、指揮路線的工作人員，甚至加油民眾們都淋著大雨在為跑者們應援。海邊的冷風讓志工們直打哆嗦，但卻沒有任何一個人擺出臭臉。「我們在跑步有在動都已經很冷了，那些志工就淋著雨站在那裡一定比我們更冷！還有人嘴唇都發紫了……」其中一位回到終點的台灣跑友如此形容，他說他跑在海岸線約三十公里處時感到疲累，但看到那些志工卻覺得好感動，頓時充滿活力。

除了賽道路途中的工作人員之外，大會還安排了一大群志工在終點線後為跑者們拆除腳上的晶片。靜岡馬拉松的計時晶片是要回收的，但在跑完42.195公里之後都已經「鐵腿」了，跑者們還要自己蹲下去拆除鞋帶上的晶片其實很困難，因此大會貼心地安排了許多志工替跑者拆除晶片；看到他們就蹲坐在大雨中賣力工作……甚至還對跑者說句：「你們辛苦了！」這景象實在非常感人。

動人的不只是志工，許多日本跑者跨過終點線之後，都會回頭向終點線鞠躬，代表的是一種感恩的心，感謝這場賽事、感謝老天爺，以及所有應援的人，因為大家的支持與幫助，自己才能完成這場馬拉松。這屆的靜岡馬拉松一樣有許多日本跑者向終點線鞠躬，我看到一位耗盡氣力的跑者跨過終點後隨即倒下，但機警的醫療人員在他趴地前就衝上前將他攙扶住了；他看起來非常疲累，整張臉濕透地令人分不出是雨水、淚水還是汗水……但他依然堅持要回頭向終點線敬禮……於是醫療人員便攙扶著他、轉過身，深深地一鞠躬……在大雨中看到這景象的我也忍不住落下淚來……

我一直相信「馬拉松場上最美的風景是人」，有水準的跑者與熱情的志工，再加上完善的大會規劃、平坦的路線、充滿地方特色的補給，靜岡馬拉松讓我感受到富士山與德川家康公的庇蔭。即使因天候狀況不佳而少了美景，依然無損於這場賽事的美好。

跑者在大雨中回頭向終點線鞠躬這一幕讓我感動
落淚，這種感恩的精神就是最好的運動家精神！
跑者們似乎在說著：「謝謝你，靜岡馬拉松！」

SHIZUOKA Marathon
POINT

1　因為靜岡馬拉松已經連續兩屆遇上雨天了，三月初的氣溫也偏低，建議跑者可以準備拋棄式雨衣，也可以用塑膠袋剪三個洞自製。

2　由於低溫與降雨的可能性，建議跑者戴著跑步專用手套，以防手指末端寒冷失溫。

阿靖哥的靜岡馬拉松 參賽提點

3　過終點之後有男女室內更衣處，所以可以在衣保袋內準備乾淨衣物再去寄物，過終點後領取到衣保袋便可換上。

4　要從終點「清水車站」回到起點「靜岡市政府（靜岡車站旁邊）」沒有接駁巴士，但只要搭乘 JR 電車即可，十一分鐘即可到達，非常方便。

5　從路線二十公里到三十公里處是海岸線，這段路風會比較大，建議放慢速度儲存能量。這路段的補給站有提供當季特產的高品質靜岡草莓，一定要吃吃看！

1　跑者跑完四十二點一九五公里之後，還要再蹲下拆除腳上的計時晶片其實很辛苦……但靜岡馬拉松大會居然貼心安排了一大群工作人員專門為跑者拆晶片！看到他們蹲坐在大雨之中實在好感動……

2　如果沒準備拋棄式雨衣的跑者，也可以學照片中這位跑者一樣，直接用垃圾袋剪三個洞改成雨衣……雖然身上寫著「靜岡市指定家庭用垃圾袋」，但也是很實用的。

靜岡全縣

富士山、櫻桃小丸子、體驗德川家康的足跡！

靜岡是個有好山好水的美麗地方，本來就是台灣遊客常常來訪的地點，台灣桃園機場有直飛靜岡機場的航班，所以旅跑者們其實只要在馬拉松比賽日前一天到達即可，先去領取號碼布、紀念品，然後到位於起跑線靜岡市政府（靜岡車站）那邊的EXPO 博覽會逛逛；晚上就可以早點休息準備隔天的賽事。

靜岡縣的範圍很大，如果真要玩透勢必得花上不少時間；如果體力夠好，或是靜岡馬拉松只跑個十公里趣味路跑組的人，建議一定要安排時間去登山或滑雪，靜岡除了有富士山登山口之外，北邊南阿爾卑斯山的風景也十分漂亮。時間較充裕的旅跑者可以事先預訂御殿場的度假村住宿，喝著用富士山伏流水釀造的當地啤酒，好好放鬆休息一番。要不然，從靜岡坐車到橫濱市或東京都也都不遠，可以一次玩遍關東地區。

靜岡歷史文化景點不外乎是與德川家康公相關的地點，大家可以親訪體會這位對日本歷史有重大影響的人物足跡。而靜岡馬拉松終點清水市是《櫻桃小丸子（ちびまる子ちゃん）》的故鄉，旅跑者們一定要到櫻桃小丸子博物館找小丸子玩！以下介紹幾個我到訪過的靜岡景點，推薦大家去看看。

富士山的美是非常驚人的，不同時間、不同季節所看到的富士山景都不同，彷彿有生命一般。

Address　靜岡県靜岡市清水区入船町 13-15
（櫻桃小丸子博物館位在三樓）

Traffic　從 JR 清水車站東口搭乘到 S-Plus Dream Plaza 的免費接駁巴士，或是直接從清水車站步行約二十分鐘。

Time　早上 10：00 ～晚上 8：00（最晚入館時間是晚上 7：30）

Fee　大人六百日圓，三歲以上到中學以下兒童四百日圓，三歲以下免費。

Web　www.dream-plaza.co.jp

景點

清水櫻桃小丸子博物館

來找小丸子與同學們玩！

卡通《櫻桃小丸子（ちびまる子ちゃん）》自一九九〇年開播至今一直大受歡迎，對日本人與台灣人來說，從兩歲的小孩子到四十幾歲的中年人都一定看過《櫻桃小丸子》。《櫻桃小丸子》能受到這麼跨時代的歡迎，不外乎是因為深植人心的日常生活背景與精闢的人物刻畫，看著小丸子就會令人不禁投射入自己生活的社區印象、學校，還有身邊的親朋好友與長輩。而小丸子的故事其實是以作者自己所成長的「昭和時代的清水市」為背景，也就是現在的靜岡縣清水區；這是個有富士山相伴、充滿人情味的好地方。

靜岡馬拉松的終點就在清水車站，一到了清水，立即能發現身邊出現了許多小丸子的圖案；公車車體、車站內的裝潢都是，

1 2
3

---

1 櫻桃小丸子博物館的入館門票是六百日圓，小學生四百日圓，售票處就在門口布置的神社鳥居旁。

2 櫻桃小丸子的故事背景就是在靜岡清水！而來到靜岡一定要參觀櫻桃小丸子博物館，感受這溫馨懷舊的氣氛。

3 身為靜岡清水代表的小丸子，也有來台北參加過台北富邦國際馬拉松的趣味路跑組喔！她還留著號碼布呢！

而這裡當然也會有座「櫻桃小丸子博物館」，小丸子博物館位於商場「S-Plus Dream Plaza」內的三樓，規模並不大；但絕對是小丸子迷們拍照留念的必去景點。在小丸子博物館門口有個「がっこーにいこう！しみず分校」食堂，餐廳裝潢故意設計成昭和時代《櫻桃小丸子》背景時代）的小學食堂，服務人員都穿上「營養午餐阿姨」的制服，吃的餐點當然也是小學生的營養午餐！推薦大家一定要來體驗。

順帶一提的是，由於靜岡馬拉松與台北國際馬拉松有做結盟，所以櫻桃小丸子也有來台北馬拉松參加趣味路跑組喔！旅跑者們來到靜岡清水就來會會這位「跑友」吧！

位於靜岡久能山上的東照宮是供奉德川家康神位「東照大權現」的寺廟，這裡原本為千年古佛寺，在約四百年前被改建為東照宮。

Address 靜岡市駿河区根古屋 390 番地
Web www.toshogu.or.jp

景點

久能山東照宮

供奉德川家康公的寺廟！

靜岡最具代表性的歷史人物是德川家康，他是讓日本結束戰國時代、進入江戶幕府時代的第一任「征夷大將軍」。信奉「神道教」的日本人為了紀念重要人物，會將對方往生後的靈魂「神格化」供奉起來，而家康公逝世後，就在一六一六年被日本朝廷賜封神號「東照大權現」，成為江戶幕府之神。供奉德川家康神位的寺廟為「東照宮」，全日本各地都有東照宮，其中位於靜岡的「久能山東照宮」是德川家康公下葬之處，後來東照宮的本社才被遷移至櫪木縣日光市。

靜岡馬拉松就是為了紀念德川家康而舉行的，在賽道路程中也會特別經過久能山東照宮，但要看清楚東照宮的樣貌還是得特別上久能山一趟。久能山標高兩百一十六公尺，要去東照宮不必爬山，只要搭乘纜車便可到達；建議旅跑者們一定要去遊覽。

1 要上久能山東照宮可以搭乘專屬纜車,所以即使是跑完馬拉松隔天來參觀也可以;纜車外觀與內部都繪有德川家的家徽。

2 東照宮與日本許多神道教宮廟不同,梁柱裝飾得特別精美華麗。裡頭除了有酒造的「獻酒」之外,供品居然還有炸天婦羅用的沙拉油,據說是因為家康公生前很喜歡吃油炸物。

3 久能山東照宮中有個拓印,據說是德川家康公的手印,遊客可以把自己的手放上去來個跨時代擊掌。

4 靜岡縣的特產之一是「模型」,日本最主要生產模型的「田宮 TAMIYA」與「萬代 BANDAI」兩家大公司都在靜岡,所以久能山東照宮中還特別供奉了德川家康版本的鋼彈模型。

TORAYA 工房是間位在富士山腳下的
和菓子工房，藏身竹林之中，景觀非
常漂亮。

Address 静岡県御殿場市東山 1022-1
Time 早上 10：00～傍晚 5：00
Web www.toraya-kobo.jp

美食

TORAYA 工房

在竹林美景中享受高檔和菓子！

對「和菓子」也就是日式甜點有興趣的人，應該會知道日本有
間高檔和菓子鋪「虎屋（とらや）」，虎屋來自京都，現在全
日本都有分店；而靜岡御殿場的「TORAYA 工房」也是相關企
業。這裡的地點雖然非常隱秘，但可以在富士山腳下的竹林中
品嘗和菓子、飲用以富士山伏流水沖泡出來的靜岡綠茶，實在
是高雅又幸福的享受！

招牌商品銅鑼燒上印有工房的圖案，而如
果是在春天、也就是靜岡馬拉松的時期來
到此地，還能吃到春季限定的「櫻餅」，
外面包著鹽漬櫻葉，裡頭是甜而不膩的紅
豆餡。所有和菓子都會附上以富士山伏流
水沖泡的靜岡綠茶，茶可以續杯。

沼津港深海水族館是日本唯一的深海魚水族館，建議對海洋動物有興趣的旅跑者們必訪。館內有許多非常難得一見的深海動物，包括活生生的鸚鵡螺！

Address　静岡県沼津市千本港町 83 番地
Time　早上 10：00 ～傍晚 6：00
Fee　大人一千六百日圓，中、小學生八百日圓，幼兒四百日圓
Web　www.numazu-deepsea.com

遊樂

沼津港深海水族館

日本唯一的深海魚水族館！

如果你跟我一樣是個熱愛奇異生物的人，那你一定要來到「沼津」這個地方，因為這裡有全日本唯一的深海魚水族館，館中還有收藏全世界唯一的冷凍腔棘魚標本！活生生的鸚鵡螺、深海章魚、巨型長腳蟹都令人嘆為觀止。另外在紀念商品販賣處有販售深海魚的絨布娃娃，還有震撼力十足的大王具足蟲抱枕，充滿惡趣味，相當值得收藏。

館內的明星生物「メンダコ（深海章魚）」是不定期展出的稀有動物，如果今天有展出的話，在門口就會放上牠的大布偶。

Address　静岡県裾野市須山字藤原 2428
Time　早上 9：00 〜晚上 10：00
Web　www.yeti-resort.com/index.html
　　　（有繁體中文）

遊樂

YETI 滑雪場

富士山二合目、大人小孩都能玩的滑雪場！

對住在台灣的我們來說，只要能在高山上看到一點點積雪就興奮得要死；但住在靜岡的居民卻是人人都會滑雪，因為短短路程就能到富士山腳下的滑雪場遊玩。在富士山四周有好幾座滑雪場，其中位於二合目的這座「YETI 滑雪場」特別受到台灣人歡迎，因為這裡的雪道坡度較平緩，即使是小孩子或是從來沒滑過雪的大人都能輕鬆上手。來這邊滑雪什麼都不用準備，滑雪板、雪杖、雪鞋都可以租借，價格很合理，也可以預約培訓班的教練課程。

YETI 滑雪場位於富士山二合目，春季依然有積雪；即使是三月也可以來這裡滑雪。

〈運動用品店〉

SPOPIA シラトリ　　湘南地區與靜岡的大型運動用品店！

日本有很多家不同的大型連鎖運動超市，在裡頭可以買到各品牌、各種類的運動用品，鞋子、衣服、護具、訓練器材、營養補充品都有。在靜岡與湘南地區有許多家分店的大型運動超市是「SPOPIA シラトリ」，二樓為運動用品販賣部，一樓則是戶外野營、登山用品。如果在跑靜岡馬拉松前有漏帶了什麼配備，都可以到這裡來買，有很多台灣買不到的好東西，店址就在離起跑點很近的靜岡葵區市中心。

Address
静岡ジャンボ店）静岡県静岡市葵区東町 66
Time
平日早上 11：00 ～晚上 8：30
假日早上 10：00 ～晚上 8：30
Web
www.spopia-shiratori.co.jp/index.php

YETI
滑雪場

富士高砂
酒造

TORA YA
とらや工房

東海道新幹線

新富士

三島

S-Plus
Dream Plaza

小丸子
博物館

SPOPIA
シラトリ

久能山
東照宮

沼津港
深海水族館

景點與美食

運動用品店

42km

鳥取
馬拉松。

TOTTORI
Marathon

砂丘美景與純樸感人的
田園風情

鳥取馬拉松的起跑點就在名勝「鳥取砂丘」海岸旁的公路，雖然一出發就有個大上坡在等著跑者，但卻是能飽覽砂丘海景的絕美路線。

新日本海新聞社 提供

鳥取マラソン

舉辦日期 —— 每年三月份。

起跑地點 —— 鳥取砂丘。

全馬組終點 —— 可口可樂陸上競技場。

賽事組別 —— 全程馬拉松 42.195 公里組。

大會時限 —— 全程馬拉松組六小時整（八個關門點）。

官方網站 —— www.nnn.co.jp/event/marathon/index.html

參賽人數 —— 全程馬拉松組三千三百人。

　　　　　（二〇一五年資料，其中包含五百個鳥取縣民保障名額）

報名方式 —— 1. 網路報名，在官網加入會員、信用卡繳費後確認報名。

　　　　　　2. 旅行社代辦報名。

費　　用 —— 全程馬拉松組：七千日圓。（二〇一五年資料）

賽道難度 —— 略有坡度，部分賽道路段較擁擠。

關鍵字 —— 田園美景・純樸感人・好吃的醃蕗蕎（らっきょう）。

鳥取馬拉松的簡介與歷史

History *of*
TOTTORI Marathon

位於山陰海岸地區的鳥取縣擁有得天獨厚的自然美景，農產富饒：蕗蕎、大白蔥、二十世紀梨等等都是享譽全國的優質農產品，除此之外，鳥取也是日本有名的海鮮產區（鳥取的「松葉蟹」捕撈量是全國第一）。

而對外地觀光客來說，鳥取縣最有名氣的三個景點分別為：鳥取砂丘、柯南博物館（青山剛昌博物館）與鬼太郎村。鳥取砂丘是全日本面積最大的沿海沙地，自然風化成形的高聳砂丘非常壯觀！有許多國內外知名歌手的MV、電視廣告都是在此取景。而《名偵探柯南（名探偵コナン）》的作者青山剛昌，與《鬼太郎（ゲゲゲの鬼太郎）》的作者水木茂都是鳥取人，對台灣的日本動漫迷來說，鳥取縣的確是必訪的地方。實不相瞞，占鳥取縣外籍觀光客第一多的，就是來自台灣的觀光客！

鳥取馬拉松在二〇一五年才舉行了第二屆，算是非常新的賽事，參賽者大都為日本人與鳥取當地居民（鳥取縣民享有保障名額），跑者總人數三千多人，為中型賽事。鳥取馬拉松跟一般訴求國際大型賽事等級的「城市馬拉松」不同，鳥取馬拉松的賽道路段大都在農村、鄉間，從知名的砂丘海岸旁公路起跑，沿途可見寬廣的蕗蕎田美景，可說是場真正的「田中馬拉松」。而三月份山陰地區的氣候也十分完美，氣溫略低（白天攝氏十五度左右），卻有著暖陽與乾爽的微風；即使跑完全馬也不會很累。雖然賽道位於鄉間，但比賽日時幾乎全鳥取的民眾都會出來為跑者加油！沿途四十二公里滿滿都是人潮……有父母帶著小孩，甚至還有很多坐著輪椅的老人家也在替跑者應援！對跑者們來說，能沐浴在如此滿滿的笑容中而跑實在是非常幸福的一件事！光是這種純樸溫馨的感人氣氛，就讓我每年都想要參加。

鳥取還有一大吸引人之處，就是美食多，物價卻低；只要花不到日本其他大都市三分之二的價格，就能飽嘗最新鮮的產地美食！完跑後來嗑隻松葉蟹慶功（馬拉松比賽期間剛好是松葉蟹產季），不用砸大錢就能擁有高級

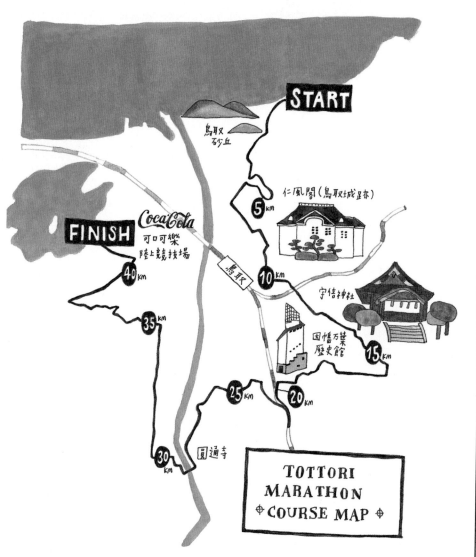

享受！再去泡個三朝溫泉、皆生溫泉
……逛逛鬼太郎村、柯南博物館……
鳥取馬拉松實為一場非常值得推薦給
台灣跑者們的賽事。

新日本海新聞社 提供

1　　這場賽事的跑者總人數為三千三百人，屬於中型賽事，除了剛開始起跑、以及賽道狹窄時會比較擁擠之外，大都寬敞好跑。

2　　舉凡是在日本舉行的路跑賽，就一定會有扮裝跑者！鳥取馬拉松當然也不例外。這些跑者不但以不同的方式參加賽事，也為其他跑者與應援民眾帶來歡樂氣氛。

新日本海新聞社　提供

新日本海新聞 ... 提供

3　鳥取馬拉松動員了許多當地民眾做志工；他們認為能參與馬拉松這種地方盛事是為鄉里服務的好機會，也因此每位志工都笑容滿滿……而這些笑容就是跑者們的最大能量來源！

4　醃漬蕗蕎是鳥取當地非常有名的農產加工品，與一般在其他地方吃到的蕗蕎不同，鳥取蕗蕎不但不辛辣，還帶有甜味！能補充跑者精力的好東西，也是鳥取馬拉松大會的官方補給美食！

5　比起大型都市馬拉松的香蕉、餅乾、運動飲料，相較之下，地方馬拉松賽事的補給品其實更具有人情味，能在跑馬時吃到熱呼呼的手捏紫蘇飯糰實在是非常療癒啊！

新日本海新聞社提供

鳥取縣的鄉民都大力支持這場馬拉松賽事，父母帶著小孩、甚至老人院的老人們都坐著輪椅在賽道旁為跑者們賣力加油，光是看到這些笑容就讓跑者疲憊全消！

阿靖哥的鳥取馬拉松
私房旅遊攻略

鳥取馬拉松在二〇一四年才舉辦首屆，第一屆特地從台灣來參加的跑者共有三人，第二屆更是只有我一個台灣人；但香港、韓國、甚至歐洲的跑者卻不少。我當時心想：「台灣跑友居然還不知道鳥取馬拉松的魅力，實在是太可惜了！」

雖然占鳥取縣外籍觀光客最大比例的就是台灣遊客，但依然有許多台灣人不知道鳥取在什麼地方？要怎麼去？這樣講好像有點失禮……但鳥取真的是一個比較「鄉下」的地方啊！有多鄉下呢？鳥取縣是全日本唯一沒有 7-11 的地方，全縣第一家星巴克咖啡更是在二〇一五年才開始營業！即使有其他如 LAWSON 等便利商店，商店與商店間卻要開車才能到達（鳥取的便利商店大都有附設停車場），而過去「沒有星巴克咖啡」這件事也常被日本人拿來揶揄……
「我老家在鳥取。」
「喔～是那個有砂場（スナバ）卻沒有星巴克（スタバ）的地方嗎？」
但就在二〇一五年，全鳥取第一家星巴克咖啡於 JR 車站旁開幕，這件事果然成為日本全國眾所皆知的大新聞，吸引了上千人排隊購買！

鳥取縣最知名的景點就是「鳥取砂丘」，而鳥取馬拉松的起跑點就精心策劃在砂丘旁，能在這裡起跑實在是難得的體驗。

───────

除了我之外，也有少數特地從國外來鳥取參加馬拉松的跑者。

當然，鳥取的魅力絕對不會因為有沒有 7-ELEVEN 與星巴克而有所差異。在參加二〇一五年的鳥取馬拉松之前，我曾來到鳥取進行出差考察的行程，考察的就是鳥取馬拉松大會的路線。以往我只跑過世界各地的城市馬拉松，台北馬拉松、上海馬拉松、東京馬拉松、香港馬拉松等等。這些大城市馬拉松的特色就是跑者多、應援者多、賽道路面寬敞平整，但景色都以都市街道景點為主；而鳥取馬拉松的路線卻完全不同，可以見到寬闊的田園風光，可說是有種「田中馬拉松」的氛圍，氣候更是乾燥涼爽。鳥取另一個令我著迷的，就是價格合宜的美食！正因為鳥取是許多農產品與海鮮的產區，在這裡能吃到最新鮮的松葉蟹、蔬菜、著名的「二十世紀梨」，價格卻只要東京的一半左右！也因此，我當時就決定開始規劃一個人的鳥取馬拉松之行，準備於二〇一五年再度來到鳥取。

由於鳥取當地並無國際機場（但有相當知名的「米子鬼太郎機場」與「砂丘柯南機場」兩大動漫國內線機場），一般觀念上受限於「交通問題」，來到鳥取的外地觀光客大都是團體客，但當我採自助旅行的方式後發現並不麻煩，只要從關西機場轉乘巴士或 JR 即可到達，而搭乘大巴士的交通方式是較便宜的行程，因此相對地比較花時間。記得我在大巴上一直熟睡著……中途司機在休息站停車十分鐘，讓乘客們下車上廁所、買個東西之類；我一醒來驚覺巴士怎麼停在「深山中」？連路燈都沒有！拿出手機用 Google Map 定位，發現自己的確是身處兵庫縣山區的休息站，身為「都市俗」的我還真的沒來過這麼鄉下的地方啊～所幸日本治安非常好，即使是獨身女子，也可以安心地到鄉間旅行。當我回到巴士上再睡一會兒之後，也就輕輕鬆鬆地抵達鳥取車站了。

翌日一大早，我便與其他參賽跑者們到砂丘旁的廣場集合，雖然已經是三月天，鳥取的氣溫卻在攝氏五到十五度間，屬於稍嫌寒冷的氣候，而起跑點的鳥取砂丘又位於海邊，海風相當大，也因此廣場上的跑者們都在努力做著暖身運動、並精神奕奕地互道早安，這景象反而令人感到元氣十足！

因為起跑點處的鳥取砂丘廣場風很
大，只是站著不動還是會很冷啊……
所以跑者們都紛紛跑起來做暖身。

新日本海新聞社

新日本海新聞社

1
2

1　第二屆鳥取馬拉松代言人是有「日本藝能界最速女」之稱的模特兒西谷綾子小姐，長得漂亮又會跑步真是令人敬佩！她一路上都在為跑者們加油。

2　雖然來參加的菁英跑者也不少，但鳥取馬拉松起跑時卻沒有那麼大的競爭感，少了緊張、多了歡娛氣氛。

在起跑前我見到第二屆鳥取馬拉松的宣傳代言人西谷綾子小姐，她是一名模特兒，同時也是日本「馬拉松跑最快的女藝人」，最佳紀錄是令人驚嘆的三小時零三分（於東京馬拉松達成）！西谷小姐一大早就站在起跑點為跑者們加油，並露出暖陽般的笑容，「又漂亮又會跑」的她實在是令人由衷敬佩啊！

鳥取馬拉松屬於中型賽事，人數不會非常多，所以起跑時並沒有嚴格以速度做分區，跑者們可以自己選擇完跑時間至不同區域等待起跑。而這場賽事雖然有高達八個分段關門點，但關門時限卻沒有像日本其他的馬拉松大會一樣嚴格，如果只晚個幾分鐘到達也是可以通過，與一般分秒必爭的賽事相較之下，鳥取馬拉松顯得有人情味多了。

三月中的鳥取櫻花還沒盛開，但沿途寬闊的蕎麥田景象也令人心曠神怡。因為參賽的外國人並不多，再加上外國選手會別上特殊顏色的號碼布，所以鳥取民眾只要看到外籍跑者都會特別大聲地為我們加油。賽道途經鄉間、農舍，在這裡替跑者加油的應援

鳥取馬拉松可說是一場「田中馬拉松」，賽道經過寬闊的蕎麥農田，令人心曠神怡。

民眾顯得特別不同；少了都市常見的年輕人，卻多了長輩與小孩子，甚至包括坐在輪椅上的老年人們……在鳥取冬日的暖陽映照之下，他們真摯的笑容更令跑者感動不已！

「看到這麼多有活力的年輕人在跑步，真是件好事啊～」我聽到某位在路邊替大家加油的老先生如此說道……這真的讓我非常感動，我沒有想到原來只是來參加一場馬拉松大會，也可以把自己的正面能量回饋給鄉親。雖然賽道坡度不算平緩，但在涼爽的氣候與鄉民的熱情支持之下，這四十二公里顯得格外輕鬆。鳥取馬拉松的終點設立在可口可樂田徑場內，當我突破終點線後，便被代言人西谷小姐採訪，她說我跑完全馬看起來卻不累呢！是因為什麼原因呢？

「可能是因為在途中有吃到補給品的醃蕎蕎吧！」我的回答讓她笑了出來。

她又接著問：「現在跑完最想做什麼事？」

「我想吃掉一整隻鳥取松葉蟹！」這是我完全不假思索的答案！是啊，對我這位「吃貨跑者」來說，鳥取實在是個超棒的地方！

在參加鳥取馬拉松之前，我已經好久沒有跑全程馬拉松了；但說也奇怪……一來到鳥取後，我的心情卻十分放鬆，一點兒緊張的感覺都沒有。日本有個知名的神話歷史故事《因幡之白兔（因幡の白うさぎ）》，講的是「大穴牟遲神」因誠實的建言與落難白兔結緣、而娶到因幡國大美人「八上比賣」的故事，而這故事的主舞台經考證就是發生在鳥取縣的「白兔海岸」。鳥取的「白兔大明神」一直在庇佑著旅人們，而我或許也因此與鳥取「結緣」，感恩這緣分，讓我參與了鳥取馬拉松這場樸實感人的賽事。

因為鳥取為《因幡之白兔》神話故事的發源地，所以馬拉松大會旁的吉祥物人偶們都是以「白兔」做設計，非常可愛又具有人情味。

1　不只在賽道一旁有老年人加油，連跑者也有高齡長者！這兩位爺爺的腳程非常快，我甚至都追不上他們呢！

2　在國外跑馬拉松一定要準備國旗！更何況我又身為第二屆鳥取馬拉松唯一從台灣來參賽的跑者。

3　馬拉松大會贈送的完跑毛巾有著別出心裁的設計！上頭寫的「完走したでえ（我跑完了）」可是鳥取方言！

4　鳥取是有名的溫泉區，而馬拉松大會在終點就準備了足浴池，讓跑者們好好地放鬆奔波了四十二公里的雙腳。

新日本海新聞社　提供

新日本海新聞社　提供

1　無論是從關西國際機場搭巴士、JR 前往鳥取，或是從東京羽田機場轉國內線飛機到鳥取，都會花上大半天的時間；因此建議旅跑者們可以在比賽日前「提早兩天」到達鳥取比較不會累。

2　三月中的鳥取有可能遇上融雪季，天氣較冷，而起跑點的鳥取砂丘也鄰近海邊，海風很大。建議可以先準備「拋棄式雨衣」做保暖，等到跑熱了再丟棄至賽道邊的垃圾桶。

3　三月中的山陰地區雖然氣溫低，但紫外線意外地強烈！而鳥取馬拉松賽道四十二公里中都完全沒有遮陰處，建議跑者們（尤其是怕曬黑的女性跑者）一定要塗抹防曬油。

阿靖哥的鳥取馬拉松 參賽提點

4　鳥取馬拉松並沒有依完跑速度做嚴格起跑分區，建議速度較慢的跑者還是守秩序點排在後排出發，這樣才不會害前面速度快的跑者被擋住、造成「塞車」現象（尤其起跑時較擁擠）。鳥取馬的關門時限不會很嚴格，速度慢的跑者不用太擔心。

5　雖然跑者總數不超過三千三百人，大部分路段也很寬敞，但部分賽道只有做單線道的交通管制（還是會有對向汽車通行），請跑者們注意安全。

6　官方補給品雖然還是以運動飲料、水、香蕉等標準補給為主，但還有鳥取特產「醃蕗蕎」，非常好吃，跑者們千萬別錯過了！

1　　　鳥取馬拉松並沒有嚴格的「起跑分區」，請跑者們自己預估自己的完成時間，然後找到那個時間的區塊排隊，等待起跑。

2　　　鳥取馬拉松的起終點相異，所以在起跑前別忘了將衣保袋（也就是大會給的物資袋）寄至貨櫃車上，貨櫃車會將跑者物品載到終點。

旅跑行程
安排建議

由於鳥取縣內沒有國際機場，只有兩個國內線機場（「砂丘柯南機場」與「米子鬼太郎機場」）；所以從台灣並無法直達鳥取。如果是參加旅行團的團體行程，可以直接搭乘旅行社安排的巴士抵達；但如果像我一樣採自助旅行的話，其實也有不少大眾運輸方式可以抵達鳥取。要特別注意的是：無論是從關西機場出發、還是岡山機場出發，都至少要耗時三個小時以上才能到鳥取，所以建議大家在交通日當天就別安排什麼遊覽行程了。

從台灣到達鳥取的方式

次便宜！

方法一
搭乘高速巴士，最便宜，但必須轉乘兩次巴士

由「桃園機場」出發→到達「關西國際機場」→轉乘巴士至「難波（OCAT）」→從「難波（OCAT）」轉乘到「鳥取車站前」的巴士→抵達鳥取車站。

· 最低交通費：從「關西空港」經由「難波（OCAT）」再轉至「鳥取車站」的高速巴士優惠套票三千九百日圓。
· 從關西機場算起的交通時間：三個半小時到四個半小時（看轉乘狀況）。

到達關西機場、出海關後，就可以直接去購買前往鳥取的高速巴士套票，售票處位於第一航廈一樓中央的「旅行服務中心」。在這裡買優惠價三千九百日圓的鳥取巴士套票會拿到兩張票，一張是「從機場到難波 OCAT」（自由席不對號），另一張則是「從難波 OCAT 到鳥取」（畫位對號座）。

首先要從機場一樓外的第十一號巴士搭乘處，乘坐到「難波 OCAT」的巴士。

到達「難波 OCAT」後要再轉乘到鳥取的巴士，這個巴士是對號座，請注意巴士的出發月台與時間；車程約兩小時五十二分抵達鳥取。中途會有一次的休息站暫停時間，巴士上有洗手間也可以飲食。

「關西國際機場」至「難波（OCAT）」的巴士時刻表：
www.nihonkotsu.co.jp/bus/limousine_route/
kansai_airport_limousine.html

「難波（OCAT）」至「鳥取車站」的巴士時刻表：
http://www.nihonkotsu.co.jp/bus/highway/course/
tottori_kobe_osaka.html

方法二

搭乘 JR 鐵路，最舒服，但必須轉乘兩次 JR

由「桃園機場」出發→到達「關西國際機場」→轉乘 JR「特急はるか（HARUKA）」至「新大阪」下車→再從「新大阪」轉乘JR「特急スーパーはくと（Super HAKUTO）」到鳥取車站。

· 最低交通費：從「關西空港」到「新大阪」買 JR West Pass 搭乘「特急はるか（HARUKA）」到「新大阪」最便宜兩千兩百日圓（但只能使用一次，而且只能單日使用）＋「新大阪」至「鳥取」的「特急スーパーはくと（Super HAKUTO）」號乘車費三千八百九十日圓 ＝ 六千零九十日圓。
· 從關西機場算起的交通時間：三個小時以上（看轉乘狀況）。

從「新大阪」要轉乘「スーパーはくと（Super HAKUTO）」號到鳥取，這班列車名稱若翻譯為中文就是「超級白兔號」。若從鳥取要回大阪時請留意月台上的列車名稱，因為不一定會有醒目的英語標示。

WEB
www.nihonkotsu.co.jp/bus/limousine_route

方法三
從東京羽田機場轉乘全日空國內線班機

由「台北松山機場」出發→到達「東京羽田機場」→轉乘國內線全日空班機到達「鳥取砂丘柯南機場（鳥取砂丘コナン空港）」。

・**費用：買全日空套票從台北到東京再轉機鳥取，共約台幣兩萬兩千到三萬五千元左右不等。**

砂丘柯南機場內儼然像是一個小型「名偵探柯南博物館」，有許多小巧思與拍照景點，建議柯南迷一定要到這個機場來看看！

砂丘柯南機場內最受歡迎的裝置藝術品，就是要在二樓才能一窺全貌的「柯南與砂丘駱駝大圖」，這圖為 3D 立體透視圖，遊客能拍出逼真的互動照片。

方法四
從岡山國際機場到鳥取（每周三、六長榮航空限定）

由「桃園機場」出發→到達「岡山國際機場」→搭乘巴士到「JR 岡山車站西口」→轉乘 JR 鐵路或高速巴士到鳥取車站。

・**最低交通費：先從岡山機場搭乘巴士到「JR 岡山車站西口」，巴士票價七百四十日圓＋從岡山到鳥取的巴士為鳥取エクスプレス（鳥取 express）單程車票日幣三千元（一日只有三班左右）＝三千七百四十日圓。**
・**從岡山機場算起的交通時間：三小時以上（看轉乘狀況）。**

在鳥取當地移動的交通方式

鳥取沒有地下鐵路也沒有都市電車,所以要在鳥取縣內搭乘大眾運輸工具移動,確實不太方便,可以嘗試「開車自駕」或是搭乘「市區路線巴士」,也可以利用一次專為外籍觀光客設立的「一千日圓優惠計程車」。當然開車自駕是最方便也最推薦的交通方式,因為機動性高,在鳥取各地停車也都不用害怕沒車位(鳥取人很少)。唯一要注意的是……由於馬路上車輛很少,習慣左駕的台灣人若在日本開右駕車輛很容易「開錯車道」,而且路面上沒其他車作為依據、自己逆向了也不知道……這是可能要特別當心的地方。

方法一
開車自駕

持駕照到台灣各地監理處申辦「日文駕照翻譯」,就可以在日本直接租車。鳥取車站旁有個「國際觀光遊客諮詢中心」,無論是要租車或是申請觀光導遊、一千元計程車等等,都可以在這裡辦理。在鳥取開車要小心:因馬路上車輛少,少了其他依據車輛,習慣左駕的台灣人可能會開錯至逆向車道,這點要特別留意。

方法二
外籍遊客限定使用一次的
一千日圓計程車

只要持護照就在鳥取車站旁的「國際觀光遊客諮詢中心」就能申請「計程車包車服務」,包一台計程車三個小時(最多四人搭乘)、隨便要去哪裡都可以,一個人只要付日幣一千元,非常划算!

如果超過三個小時,超出的行程就必須跳錶計費。搭乘一千元計程車另外可以得到優惠卡,鳥取部分景點(螃蟹博物館、砂丘美術館等等)可以享有門票特價優惠。一千元計程車的申請時間為早上 8:30～傍晚 5:30 之間,隨時可以安排。

初到鳥取的遊客可以先至車站旁的「國際觀光遊客諮詢中心」拿些觀光資料,也可以在這裡預約一千元計程車、以及免費導遊的服務。

搭乘鳥取觀光點周遊巴士「麒麟獅子」號（假日限定）

「麒麟獅子」號是只有在周末（星期六、日）、國定假日、夏季期間（7/20～8/31）才有營運的觀光巴士，特色是會到達許多觀光景點，包括鳥取城跡（仁風閣）、鳥取砂丘以及鳥取港（螃蟹博物館）等等。單次乘車票價為三百日圓，但買單日不限次數的乘車券只要六百日圓。

搭乘市區內一百日圓循環巴士「くる梨」號

如果只是要在市區內移動的話，可以選擇搭乘「くる梨」號小巴士，它的循環路線範圍較小，繞一圈是三十三分鐘，票價只要一百日圓（無段數限制）。

無論是要搭乘假日限定的「麒麟獅子」號觀光巴士，還是每日營運的市內循環小巴士「くる梨」號，都可以在鳥取車站前上車。

住宿建議

雖然鳥取馬拉松的起跑點在「鳥取砂丘」，但建議旅跑者們選擇住宿在較熱鬧、購物便利的市中心。鳥取市中心的「鬧區」範圍很小，主要就是在鳥取車站附近；而馬拉松大會有準備「JR 鳥取站南口→鳥取砂丘起跑點」的接駁巴士（比賽日早晨 5：45 ～ 7：15 間有數班次往返），所以還是推薦大家住在鳥取車站那兒即可。鳥取車站旁的飯店選擇很多，價格也都算平易近人，等級比較好的飯店是三星、四星級。

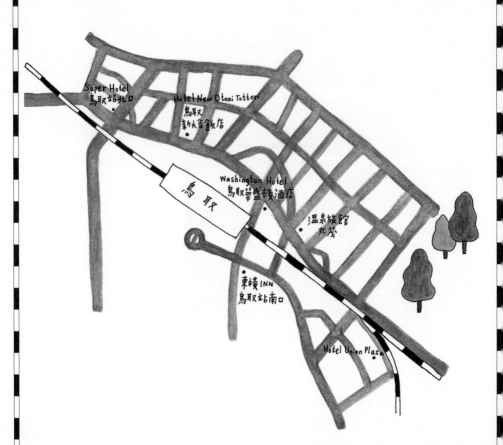

鳥取縣觀光景點

砂丘、柯南博物館、米子鬼太郎村！

鳥取縣的範圍很大，景點間的大眾運輸連結也不太方便（許多景點都沒有大眾交通工具可以到達），但依然有幾個地方是我推薦旅跑者們必去的！尤其是全日本最大的砂丘「鳥取砂丘」，以及「青山剛昌博物館」（又被稱作「柯南博物館」），還有極具特色的「米子鬼太郎村」。要在鳥取各景點間移動的話，開車自駕是最佳的方式，但也可以預約利用鳥取車站前「國際觀光遊客諮詢中心」的「一千元計程車服務」。

除了走訪景點之外，在鳥取也一定要吃美食！因為身為全日本松葉蟹捕撈量最大的地區，在這裡饕客們能以不到東京三分之二的價格大啖松葉蟹！而且全是新鮮、未經冷凍處理過的。雖然鳥取松葉蟹的捕撈有季節限制，但鳥取馬拉松比賽期間剛好遇上捕撈季，建議旅跑者們絕對不能錯過！

想要「慢遊鳥取」的朋友，可以在馬拉松後改至「皆生溫泉」與「三朝溫泉」區的溫泉旅館住宿；這裡是外地日本人非常喜歡來度假的區域。鳥取天然溫泉具有美容養顏的功效，僅是沐浴也是一種高級享受，更何況還有鳥取美食料理加持，幸福感更為加倍。

鳥取縣四季分明，除了都市、農村與山區之外，還有三朝溫泉、皆生溫泉等觀光溫泉區。在秋季時來訪鳥取，可以看到溫泉飯店內部的楓紅庭園造景，甚是高雅美麗。

鳥取松葉蟹的捕撈量為日本第一，所以在鳥取市內到處都林立著販售松葉蟹料理的餐廳；甚至連 JR 鳥取車站內都設有巨大松葉蟹擺飾。新鮮松葉蟹口感鮮甜多汁，而鳥取馬拉松比賽時剛好在產季之內，旅跑者一定不能錯過。

鳥取砂丘

鄰近景點與美食簡介

Traffic 搭乘「日本交通・日ノ丸バス」，假日可搭乘「麒麟獅子」號觀光巴士至「鳥取砂丘（砂丘會館）」站下車

Web sakyu.city.tottori.tottori.jp

寬廣壯闊的鳥取砂丘是全日本最大的觀光砂丘，也是鳥取最具代表性的景點；雖然鳥取馬拉松的起跑點就設立在此，但還是建議旅跑者們務必要特地來此觀光。

景點

鳥取砂丘

最具代表性的自然景觀！

位於日本海岸的「鳥取砂丘」是全日本規模最大的觀光砂丘，東西長十六公里、南北寬二點四公里，放眼望去儼然是個沙漠景色，尤其高度達九十公尺的壯觀「馬の背」砂質丘陵，更令人想像不到這兒身在海邊；與一般印象中的「海濱沙灘」截然不同！大自然如此的鬼斧神工，讓鳥取砂丘被日本列為「天然紀念物」與「地質百選」之列，這裡當然也是整個鳥取縣最出名、最具代表性的觀光景點。許多台灣觀光客不見得知道「鳥取」在哪裡，但如果說是「有砂丘的那個地方」，大家反而記憶點都比較高。

雖然鳥取馬拉松的起跑處就設立在鳥取砂丘，但要充分遊覽砂丘還是得花點力氣與時間，尤其爬上「馬の背」丘陵瞭望壯闊

1
2

景色，更是來到此地必做的行
程，所以還是建議旅跑者們要特
別找個時間來此。另外，砂丘巴
士站有個可以買鳥取藝品、紀念
品、點心的地方，商品種類齊全，
可以花時間來逛逛。

順帶一提的是……雖然馬拉松賽
季時已經融雪了，但冬季被覆蓋
一層白雪的鳥取砂丘可是絕世美
景！建議大家在雪季時也可以來
鳥取看看。

1　　鳥取砂丘大到像沙漠一樣，
所以在這裡也可以付費享受騎駱
駝的樂趣。這裡的駱駝都有戴口
罩，不用怕牠們亂吐口水，而且
身體很乾淨都香香的。

2　　梨子是鳥取的重要農產品，
尤其是出名的「二十世紀梨」。
在鳥取砂丘巴士站的藝品店可以
吃到梨子霜淇淋，很好吃喔！

村上水產距離鳥取車站很近，因為
價格合理又新鮮好吃而大受歡迎，
建議旅跑者們務必要嘗嘗這些產自
鳥取的美味料理。

Address 鳥取県鳥取市永楽温泉町 378
Time 中午 11：00〜下午 1：30
傍晚 5：00〜晚上 11：00
（最後點餐時間晚上 10：00）
Web murakami-suisan.hp.gogo.jp/pc

美食

村上水產

CP值極高的美味定食！

鳥取的海鮮水產相當有名，來到鳥取一定要至居酒屋大啖海產
料理；而地利之便也讓鳥取海鮮價格合宜，平均起來只要東京
的一半到三分之二價格。在 JR 鳥取車站附近的「海鮮問屋 村
上水產鮮魚部」是間值得推薦的店家，料多豐富的午間定食套
餐只要日幣五百四十到六百五十元！相當於台幣一百四十到
一百六十五元，簡直比台灣的日本料理店還便宜！食材卻是新
鮮道地的鳥取漁獲。

只要日幣五百四十元的午間套餐為
首選！而放滿海鮮料的蓋飯「のっ
け丼」配上味噌湯、蟹肉茶碗蒸，
這樣一套也只要日幣六百五十元！
CP 值極高！

螃蟹可説是鳥取最重要的物產，
來到鳥取除了「吃」螃蟹之外，
也可以到這個螃蟹博物館好好「了
解」一下螃蟹。

Address　鳥取県鳥取市賀露町西 3 丁目 27 番 2 号
Time　上午 9：00 ～傍晚 5：00
Web　www.pref.tottori.lg.jp/kanikkokan/

景點

賀露螃蟹博物館

免費參觀！日本第一的螃蟹捕撈地！

鳥取縣的商業、工業、觀光都不發達，但卻有引以為傲的「全國第一螃蟹捕獲量」；也因此，來到鳥取，除了可以大啖鮮蟹海產之外，還可以到免費開放的「賀露螃蟹博物館（かにっこ館）」內，了解與鳥取縣民息息相關的螃蟹生態。

雖然這是免費博物館，但展覽內容卻一點都不馬虎，有許多知識性的資訊，還有來自世界各地的珍奇螃蟹活體展示；無論大人小孩都可以逛上許久。博物館旁也有海鮮餐廳、漁市場，漁獲都是現撈上岸的，非常新鮮而且價格合理。

Address 鳥取縣八頭郡八頭町橋本 877
Time 早上 10：00～傍晚 6：00
Web www.oenosato.com

「大江/鄉自然牧場」位於一個「你
絕對想不到在這裡會有這種店」的
地方，也就是鳥取山區的農村之中。
這裡地處偏僻，但卻有著極富水準
的西式甜點。

美食

大江ノ鄉自然牧場「COCO GARDEN」 外地人也特地來排隊的夢幻鬆餅！

若要列舉日本人都會慕名前往的「隱之名店」……鳥取「大江
之鄉自然牧場」附設餐廳「COCO GARDEN」絕對會是其中一
家！難以想像的是；在鳥取鄉間的農村中，居然有一家要花上
四十分鐘排隊才吃得到的甜點店，甚至還有來自大阪的巴士團
特別來此報到！（從大阪過來要三個小時以上的車程。）

「大江之鄉自然牧場」原本是一座雞蛋農場，專門生產高級有
機卵「天美卵」，但自從牧場用自家的雞蛋研發出各式各樣的
西式甜點之後，這裡便因為口耳相傳而成為網路話題名店。前
些日子在東京流行起來的「夏威夷鬆餅」在這裡也吃得到，口
味甚至比東京的排隊名店更好，也難怪每到假日這裡總是擠滿
時髦的年輕女性，此景與鳥取鄉間的農田風光呈現鮮明對比。

1 2

1 雞蛋農場附設餐廳「COCO GARDEN」的內部裝潢非常明亮華美，在這裡總是聚集了許多都會感十足的年輕女性；與窗外的山林農田景色形成相當大的對比。

2 「COCO GARDEN」招牌甜點是在東京造成大熱門的「夏威夷式厚鬆餅」，這裡因為使用了自家生產的有機蛋「天美卵」，所以口味更棒。

由於地處偏遠山區，要從鳥取車站到「大江之鄉自然牧場」只有開車一途；但若是沒有打算開車自駕的旅跑者們，可以利用鳥取遊客觀光中心的「一千日圓計程車」服務包車前來。

Address	鳥取県東伯郡北栄町由良宿 1414 番地
Time	四月至十月：上午 9：30 ～傍晚 5：30
	十一月至三月：上午 9：30 ～傍晚 5：00
Fee	大人七百日圓、高中生五百日圓、小學生三百日圓，
	幼童免費
Web	www.gamf.jp

景點

青山剛昌博物館

柯南迷必訪景點！

《名偵探柯南（名探偵コナン）》是套風行世界的推理漫畫，在全亞洲、包括歐美都有發行；以銷售量來說，全世界「柯南迷」最多的地方是日本，第二就是台灣。

柯南的原作者青山剛昌先生出生於鳥取縣大榮町（父母也在此經營加油站），為了紀念這位「鳥取之光」的畢生創作，鳥取縣便在鄰近的北榮町成立了「青山剛昌ふるさと館」；館中除了展示青山先生所有作品的珍貴手稿、相關物等等，還複製了青山先生工作時的房間、工作台。

而最讓柯南迷們覺得有趣的地方，是進入這個博物館時，館長先生會發給每個人「推理解謎」的題目，遊客得要從展場中的

1 2
3 4

1 「青山剛昌博物館（青山剛昌ふるさと館）」展示了「鳥取之光」青山先生的所有作品，而最具代表性的柯南系列也成為了主題裝飾。

互動裝置尋找答案。依照不同的題目難度、正確解答成績，離館時可以得到一張「認定證」，自認是柯南推理迷的旅跑者們一定要來挑戰看看！

2 這裡最珍貴的展示品是大量手繪原稿，包括只有在鳥取才能見到、為高中接力路跑賽應援的作品。

3 在入館參觀時，館長會發一張試題表，遊客必須藉著館內的推理互動裝置找到答案，最後再交給館長評分、由館長發出「認定證」。隨著題目難度不同，認定證的等級也不同，柯南迷一定要來挑戰看看！題目也都有中文翻譯版本，非常貼心。

4 館內複製了青山先生的工作台，原來青山先生就是這樣畫出柯南等等膾炙人口的作品啊～

依山樓岩崎飯店算是三朝溫泉區中最高級的溫泉旅館，連日本天皇都曾來造訪。在這典雅的日式建築中享受「鐳」溫泉，身心靈都能被療癒。

Address 三朝溫泉觀光協會：鳥取縣東伯郡三朝町三朝
Web 三朝溫泉旅館公會：spa-misasa.jp

景點

三朝溫泉區

全世界濃度最高的鐳溫泉！

三朝町位於鳥取縣中央，這裡是個富有歷史的溫泉鄉；但最特殊的地方，在於三朝溫泉中的「鐳」成分含量是全世界最高的！也因此這邊的溫泉水自古以來就被視為有醫療效果，連日本天皇都會特別來此地泡湯，岡山大學附設醫院更在此設立醫療中心。據醫學報告指出，含「鐳」成分的溫泉水可以活化細胞、增進療癒力；使用這溫泉水製作出的化妝水商品也大受歡迎。

三朝溫泉區的飯店不少，價位也各不相同，但如果是為了度假而來此、預算也充足的話，建議可以選擇住宿在高級的「依山樓岩崎飯店」，這裡就是天皇來訪時曾下榻的地方。

Address　皆生温泉旅館公會：
　　　　　鳥取縣米子市皆生温泉 3-1-1
Web　www.kaike-onsen.com/index_pc.html

景點

皆生溫泉海水浴場

日本鐵人三項發源地！

鳥取縣除了三朝溫泉區外，米子市近海的皆生溫泉區也相當有名氣，而皆生溫泉海岸更是日本「鐵人三項（トライアスロン）」運動的發源地。一九八一年，日本第一場三鐵賽於此地舉行；而一九八五年特請當地米子市的雕刻家製作了紀念銅像，對鐵人三項有興趣的旅跑者們可以來此地朝聖一下。

皆生海水浴場有著乾淨的沙灘，而且相當安全，另外還有天然溫泉可以泡；這裡也是日本鐵人三項運動的發源地。

Address 鳥取県境港市末広町
Web 從「米子站」搭乘電車到「境港站」即可到達
www.sakaiminato.net

景點

鬼太郎村水木茂道路

連台灣也模仿設立的正宗鬼太郎村！

要說最具日本傳統文化代表性的漫畫作品，絕對非《鬼太郎（ゲゲゲの鬼太郎）》莫屬，而有看日劇《鬼太郎之妻（ゲゲゲの女房）》的人應該就知道，作者「水木茂」本身的人生經歷也極具故事性。因為水木茂出身於鳥取縣境港市，於是境港市便設立了「水木茂道路（水木しげるロード）」以紀念這位偉大的漫畫家，也以特殊的「妖怪文創」來推動地方觀光。

在這裡所有的商家招牌、路燈、公共設施……都是以妖怪為主題；成功的行銷方式讓台灣溪頭也模仿成立了「妖怪村」，但正宗的鳥取「鬼太郎村」規劃更完整，商業氣息也沒那麼重，很推薦大家一定要特地來此觀光，好好浸淫在水木茂老師的妖怪世界中。

1 2
3 4

1　鬼太郎漫畫是最具日本文化代表性的動漫作品之一，而作者水木茂本身為鳥取境港人，境港市便將這裡設立為妖怪主題觀光區。「水木茂道路（水木しげるロード）」上有一百多個妖怪銅像，而此地的商家、路燈、水池等也都充滿妖怪風情。

2　在水木茂道路上的許多店家都是原來就在此地的老店，並不是因為規劃為觀光區後才開設的店家。

3,4　來到水木茂道路，一定要至「妖怪神社參拜」！在這裡可以求「妖怪籤」祈求好運。

鳥取砂丘

鄰近景點與美食簡介

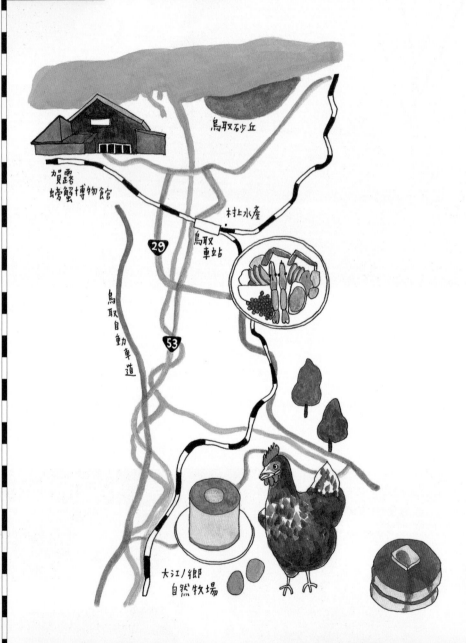

鳥取砂丘

賀露
螃蟹博物館

村上水產

29

鳥取
車站

鳥取自動車道

53

大江ノ郷
自然牧場

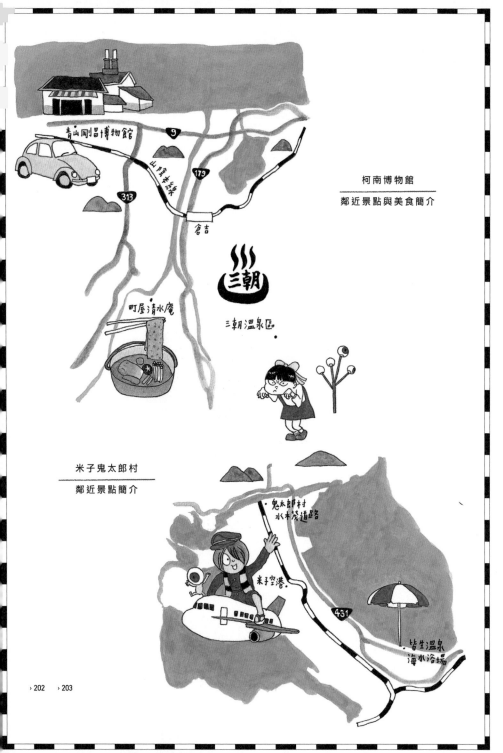

柯南博物館
鄰近景點與美食簡介

青山剛昌博物館

山陰本線

倉吉

町屋清水庵

三朝溫泉區

米子鬼太郎村
鄰近景點簡介

鬼太郎村
水木茂道路

米子空港

皆生溫泉
海水浴場

鳥取熱門跑步路線 &跑步店家

久松公園屬於鳥取城遺跡，鳥取縣立博物館也位在其中，常常會有些藝文歷史展覽。

〈跑步熱點〉

01 仁風閣、久松公園　田徑隊也會在這裡練習！

「仁風閣」是一座在明治時代（一九〇七年）搭建的洋樓豪邸，位於鳥取城跡旁，有著非常富麗雅致的景觀。仁風閣之所以會這麼有名，是由於當時還是皇太子的日本大正天皇曾以這兒為行宮，住宿在此，於是這裡日後便成了對外展示用的博物館。

仁風閣外「久松公園」的人行道路面非常平坦寬廣，離市中心又不遠，每天都可以見到許多鳥取市民與學校田徑隊來此練跑，可說是鳥取最熱門的跑步路線。其實除了久松公園可以練跑之外，因為鳥取人口並不多，街道不會擁擠，所以市內無論什麼路段都可以練跑；但要注意的是夜晚較昏暗（即使市中心還是很暗），建議旅跑者們如果想要「夜跑」的話，身上一定要裝著反光布條或 LED 燈，才不會發生與人車相撞的意外。

1,2　鳥取名勝「仁風閣」、「久松公園」
這兒的人行道路非常平坦，常常可以見
到有市民或田徑隊在此練跑。

3　曾為大正天皇行館的「仁風閣」現在
開放給一般民眾參觀，門票一百五十日
圓，外籍遊客還另有優惠。早上9：00
開放到傍晚5：00，週一與假日隔天休館。

Address
鳥取縣鳥取市東町2丁目121
番地
Traffic
從鳥取車站徒步三十分鐘。
或搭乘鳥取市內一百元循環
小巴士「くる梨」綠線，在
「仁風閣・縣立博物館」站
下車

02 〈運動用品店〉
SPORTS DEPO　大型連鎖運動用品店！

Address
鳥取県鳥取市晩稲 399 番地
Time
早上 10：00 ～晚上 8：00
Web
www.alpen-group.jp

要說日本最有名的大型連鎖運動用品店，非「SPORTS DEPO（スポーツデポ）」莫屬，鳥取分店占地非常廣大，館內各種運動類型用品應有盡有，當然也包括跑鞋、跑衣、能量膠等等。若要從鳥取車站到達 SPORTS DEPO 需要自行駕車，車程約十五分鐘左右，但這裡的商品相當齊全，建議有開車的旅跑者務必特地來逛逛。

03 〈運動用品店〉
橋尾 SPORTS　市中心的老牌運動用品店！

Address
鳥取県鳥取市幸町 12-12
Time
平日早上 8：30 ～晚上 8：00
周末假日早上 9：00 ～晚上 7：00

若要找間在鳥取市內、鳥取車站附近走路就可到達的運動用品，老鋪「橋尾 SPORTS（橋尾 スポーツ）」是個好選擇，從車站走到這裡只要十分鐘。這家店鋪雖然不大，但商品還算齊全，跑者所需的鞋子、能量膠、肌內效貼布都有。如果來參加鳥取馬拉松時有漏帶裝備，來這家店就可以備齊。

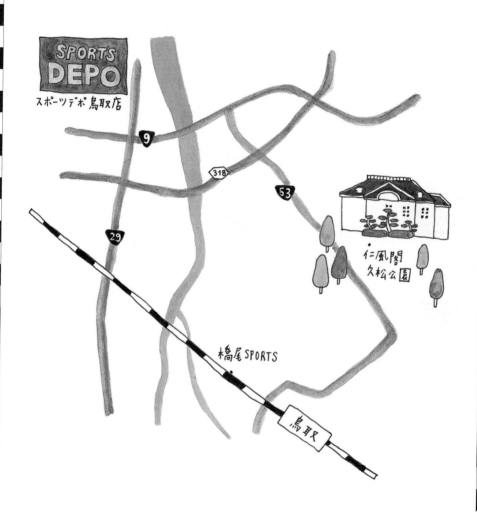

42km

10km

3.5km

長野
馬拉松。

NAGANO
Marathon

花田美景中與奧運金牌選手
跑在一起的高水準國際賽事

因為我是來賓選手（Guest Runner），
所以我的號碼布上是名字而不是號
碼，能有幸與那些馬拉松場上的世界
級名人跑在一起真是太開心了！

長野マラソン

舉辦日期 —— 每年四月中上旬。

起跑地點 —— 長野運動公園。

全馬組終點 —— 長野奧運場館。

賽事組別 —— 全程馬拉松 42.195 公里組。

大會時限 —— 全程馬拉松組五小時整（八個關門點）

官方網站 —— www.naganomarathon.gr.jp

參賽人數 —— 全程馬拉松組一萬人（二〇一五年資料，包含視障跑者名額五十名）。

報名方式 —— 約在前一年十月份開始開放報名。

　　　　　　1. 網路報名，在官網加入會員、信用卡繳費後確認報名。

　　　　　　2. 旅行社代辦報名。

費　　用 —— 全程馬拉松組：一萬日圓。（二〇一五年資料）

賽道難度 —— 賽道平坦，氣候宜人，但為大會關門總時限五小時的高強度賽事，不建議初馬者參加。

關 鍵 字 —— 高水準參賽跑者．桃花與油菜花田．強迫破 PB

長野馬拉松的簡介與歷史

History *of*
NAGANO Marathon

世界上大部分的馬拉松賽事都有「大會時限」存在，也就是跑者如果沒在那個時間之內完成 42.195 公里，或是沒在規定時段前通過「關門點」的話，就會被強迫退賽、失去資格。守時的日本人通常會嚴格執行關門時限，而日本國內有少數幾場賽事為大會時限較嚴格的賽事，這種賽事雖然不適合初跑者參加，但卻能維持跑者水準，也提升了跑者完賽的榮譽感。

長野市是個曾在一九九八年主辦過冬季奧運的現代化都市，而長野馬拉松在跑者心目中也是場一定要參加的高水準賽事。「大會時限五小時」是堵高牆，42.195 公里之中每個關門點都必須在七分速之內通過，如果晚出發、中途去排隊上廁所、補給站停留太久，都有可能在中途就被關門；如此嚴格的規定，對於像我這種剛開始跑馬拉松的人來說實在是一大挑戰……但成功完賽後，隨之而來的榮譽感也很巨大！

長野馬拉松的全名為「長野奧林匹克紀念長野馬拉松大會（Nagano Olympic Commemorative Marathon）」，顧名思義，這場賽事就是為了紀念一九九八年的長野冬季奧運而舉行，二○一五年為第十七屆。因為定調在「高水準國際賽事」，所以長野馬拉松每一屆都會邀請許多世界知名的田徑選手來參賽，二○一五年邀請的選手包括曾為日本獲得雪梨奧運女子馬拉松金牌的高橋尚子、北京奧運女子馬拉松銀牌選手 NDEREBA Catherine（肯亞籍），以及一百公里超馬世界紀錄保持人砂田貴裕（一百公里紀錄六小時十三分）等等……參加長野馬拉松，你就能與這些「巨人」跑在同一條賽道上！

雖然這是一場時間壓力很大的馬拉松，但四月中上旬的長野氣候十分涼爽（過去幾年曾有比賽時下大雪的情況），而賽道坡度也很平緩；大會工作人員熱情而專業，沿途加油民眾綿延滿滿四十二公里，幾乎沒有一處無

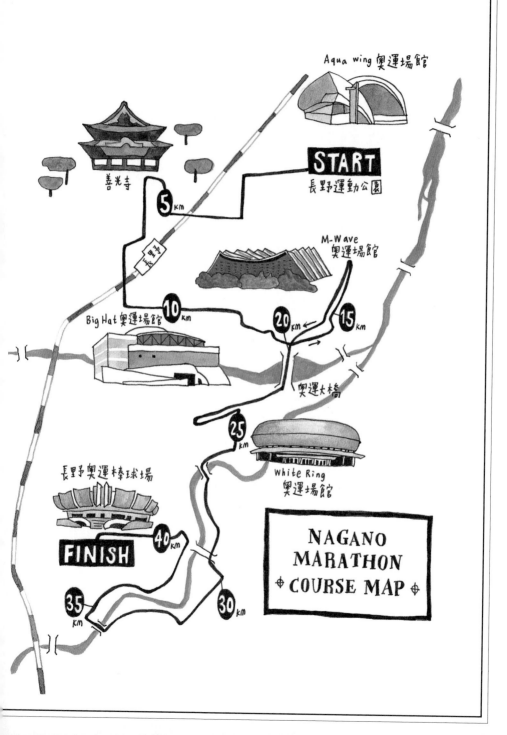

四月中旬是長野的春天，剛好是油菜花、桃花盛開
的季節，賽道沿途一片花海，景色非常漂亮。

人在替跑者應援的！長野馬拉松的賽道途經長野市區（包括最具代表性的景點「善光寺」），跑者能看到這現代化都市的美景⋯⋯然後進入鄉間，放眼望去盡是一大片油菜花、桃花、櫻吹雪（櫻花盛開後花瓣被風吹落）。最後終點進入奧運主場館，領取自己努力得來的勝利獎牌！

二〇一五年第十七屆長野馬拉松的完跑率高達百分之八十七點五九，可見參賽民眾素質之平均，就因為高水準跑者與完美的大會規劃，讓整場賽事的氛圍優雅而動人。如果你有能在五小時內完跑馬拉松的實力，或是想要跑出最佳成績、破 PB，長野馬拉松絕對是場必參加的賽事。

Ren

三十三歲，來自台灣台北市，研究助理

我與我的長野馬拉松

Q—你為什麼會想參加「長野馬拉松」？

A—多年前到京都旅遊時，剛好遇到環京都馬的活動，看著跑完的跑者搭上泡湯接駁車，從那時起想參加日本的馬拉松活動念頭就一直迴盪在心中。當聽朋友提到長野馬拉松時，發現比賽時間正是當地櫻花盛開的日子，能夠兼顧旅遊、賞櫻、路跑，以及泡溫泉，多個願望一次滿足，於是就無視完賽時間報名了比賽。

Q—你覺得「長野馬拉松」的賽事有什麼特色？

A—氣候十分宜人，沿途景致也相當不錯，還能看到盛開的櫻花。報到會場賣的當地名產おやき，不管是當成賽前的早餐，或是比賽結束後迅速補充能量都十分適合。當地出產的農產品，正是最適合跑者的天然營養補給。比賽結束後，還能泡個溫泉放鬆身心靈，又是古戰國時代的遺跡，可以順便來個文化之旅，推薦給想要暫時忘卻俗事，遠離塵囂的跑者。

Q—你在參加「長野馬拉松」的過程中有發生什麼有趣的事？或是令你難忘的事件？

A—大約跑到三十多公里的路段時，開始覺得有些精神不濟，這時有一排民眾做著戰國武士打扮，在跟他們擊掌時，有位武士從丹田喊出「頑張ろう」並十分用力地跟我擊掌，瞬間有種被打醒的感覺，也才想到原來自己還在賽道上，便提振起精神繼續往前跑下去了。

Q—用一句話（二十字以內）形容「長野馬拉松」吧！

能夠同時享受到國際賽事的規格及民間比賽的人情味。

自由隊長 張懷仁

二十七歲，來自台灣新北市，醫師

Q—你為什麼會想參加「長野馬拉松」？

A—第一，當然是時間可以配合啦，剛好海軍退伍。再來就是日本的賽事品質，這場馬拉松是標榜奧運紀念馬拉松，賽道非常標準、平坦，還同時有鄉村和城市的景色。今年又遇上長野善光寺大開放的時節，賽道又會經過寺廟大道，這間一千四百多年歷史無派別的佛寺，絕對值得走一遭。如果幸運的話，還可以迎上櫻花季的尾巴。長野這次的馬拉松，是許多旅遊黃金路線的盛開期！最後就是這個賽道平坦到幾乎是破 PB 的保證。

Q—你覺得「長野馬拉松」的賽事有什麼特色？

A—最大特色，當然就是五個小時的嚴峻關門時間。這個關門時間也全面提升跑者的平均素質！因為這次想要破 PB，所以氣候和賽道的平坦程度也很重要，比賽當天實際的溫度約莫十五到二十度之間、濕度百分之四十九上下，實在是極度適合高速衝刺的賽道。進入長野市區，會參差著古色古香的寺院道路和周圍現代化的建築。出了長野市區就是農業田間道路，但是別小看這條道路，整個向遠山敞開，迎面而來的廣闊正好幫助我們忘卻二十五公里後的疲憊。最後進入棒球場，踩上柔軟的草坪，準備最後衝刺，巨大的加油聲會讓跑者潸然淚下，棒！

Q一你在參加「長野馬拉松」的過程中有發生什麼有趣的事？或是令你難忘的事件？

A一這是我第一次到日本跑馬拉松，所以每一個體驗都是嶄新的。雖然是第一次日本馬，但是因為已經參加過十多場全馬，所以許多主辦單位的用心我可以深切體會。優雅而流暢的氣息從一開始到結束瀰漫在長野馬拉松，連順暢的登記與寬廣的賽前熱身場地都令我驚奇無比。

最有趣的部分是，有一段賽道是由一整個家族把日本武士軍團的盔甲全部穿出來，我不敢跟織田信長擊掌，因為好大隻嚇死我了！還有經過老人安養院時，竟然連坐輪椅的阿公阿嬤都猛烈拍手打鼓加油！沿路有好多小孩在爸爸的肩膀上尖叫甘巴爹，四十二公里，從頭到尾滿滿的感動。這是會讓腎上腺素整個大爆發的，如何能不破紀錄呢？

Q一用一句話（二十字以內）形容「長野馬拉松」吧！

我參加過賽道氣氛最優雅的馬拉松，然後高手雲集，跑太慢絕對會被關門（五小時）！

長野馬拉松是場高水準的國際賽事，
能在 B 組起跑的都是全馬成績三小時
之內的強者；這也讓這場賽事顯得優
雅動人。

長野マラソン大会組織委員会事務局

長野馬拉松賽道路經城市與鄉間，但在一旁替跑者們加油的民眾整整四十二公里沒中斷過！應援民眾中有年輕人，更有許多長者與小孩子，他們的笑容溫暖了每一位跑者的心。

阿靖哥的長野馬拉松
私房旅遊攻略

我在幾年前之所以會知道「長野馬拉松」這場賽事，是因為曾聽過身為田徑選手的朋友們在討論它；那時候大概能了解長野馬是屬於「馬拉松選手會特別去報名」的一場指標性賽事。據朋友們的說法：長野馬賽道平坦、氣候涼爽，很容易破 PB，而且屬於 IAAF 銅牌賽事，完賽成績具有國際資格效力（可以此成績報名波士頓馬拉松等等），那時，我便引頸期盼著自己參加長野馬拉松的那天到來。

「若能與這些世界級選手們跑在同一條賽道上，不知是多具有榮耀感的一刻啊？」

結果這願望就在二〇一五年第十七屆長野馬拉松實現了！由於長野馬每屆都有非常多台灣跑者參賽（據說是繼東京馬拉松、那霸馬拉松之後，最多台灣人參加的日本賽事），大會找我去擔任「來賓選手（Guest Runner）」一職；不但可以參賽，還可以跟那些世界級跑者一同赴宴、一同起跑……當我收到這個好消息後，感到興奮不已！沒想到我的全馬跑齡才兩年，就可以實現參加長野馬的願望！但這愉悅感可維持沒多久，在比賽日前半個月，我才突然意識到，長野馬拉松的「大會關門時限是五小時」這件事……

長野馬報到會場設在曾為九八年冬奧會場的「長野 Big Hat（ビッグハット）體育館」，跑者們要在比賽前一日來此報到領取號碼布。外國跑者有個獨立的「海外一般參加者」專區可以報到，台灣跑者就要來此報到。會場內還有一些運動用品、能量食品販售，以及日本紅十字會的募款攤位。

在二〇一五年之前，我的全馬 PB 是在二〇一三年的台北國際馬拉松達成的，雖說是 PB，但也是成績頗差的四小時四十六分，之後每次馬拉松的完賽時間大都落在五小時十分到五小時三十分之間。對於我這種「龜速跑者」來說，要在大會時限五小時內跑完 42.195 公里本來就是件困難事，更何況長野馬比賽前幾天我都在夏威夷出公差，而夏威夷與日本的時差高達十九個小時，能想見到時我的身體狀況一定不會太好，要跑出好成績更是困難。比賽前一個多星期，我發現自己的姓名與照片居然被印在大會宣傳手冊之中……與奧運馬拉松銀牌國手、一百公里超馬世界紀錄保持人等同樣名列「來賓選手（Guest Runner）」……

「天啊！那要是我被關門不就丟臉死了嗎？而且身為台灣代表，這還丟台灣人的臉啊……」

就從那一天開始，我每天想到「長野馬拉松」就緊張個半死，連身處於度假天堂夏威夷也沒辦法輕鬆愜意。長野馬比賽日前兩天，我從夏威夷坐了十個小時的飛機抵達日本長野，希望能在短短的兩天內適應高達二十度的溫差，以及十九個小時的時差。

群山環繞的長野縣海拔比較高，所以它的氣候會比本州其他縣市都來得寒冷，長野往往是日本繼北海道之後最

與世界級選手們跑在同一條賽道上，真是讓人感到光榮！

報到會場有個大布條可以讓選手或親朋好友們在上面簽名留言，這個布條在比賽日時會被掛到起跑點的賽道兩側。

在長野馬拉松的報到會場內居然有設一個小小的「長野馬拉松神社」，花一百日圓可以得到一張寫著「完走祈願（完跑祈願）」的布質貼紙，參賽時可以貼在跑衣上，為自己帶來信心！

NAGANO MARATHON
写真撮影ポイントMAP

善光寺
城山公園
善光寺下
信州大学
大門
セントラルスクゥエア
長野県庁
406
5.2km
5.1km
5km
7.2km
中御所
19
末広町
ビッグハット
受付会場
安茂里
荒木
丹波島橋
10.4km
12.5km
111
川中島
中間点
25km
22.3km
関崎橋
25.0km
25.0km
19
今井
JR信越線
南
フィニ
南長野運動公園
長野オリンピックスタジ
（長野市篠ノ井東福寺
35km
34.2km
篠ノ井橋
岩野橋

スタート
長野運動公園
（長野市吉田）
エムウェーブ
17.3km
18
19.0km
15km
14.8km
14.4km
落合橋
20.8km

N
給水　関門
コース

第卅回長野マラソン
ゲストランナー
OU YANG CHING
2015 NAGANO

身為「來賓選手（Guest Runner）」
的我，號碼布上印的並不是號碼，
而是直接寫著名字！這下子可千萬
不能被關門了……

早降下初雪的地方；但也因為如此獨特的氣候條件與優良雪質，讓長野獲得一九九八年主辦冬季奧運的資格權。在過去數年之中，曾發生過好幾次「長野馬比賽日下大雪」的紀錄，好險我到達時氣候乾爽宜人，氣溫在攝氏九到十七度之間，說是最適合跑步、破 PB 的天氣也不為過。

長野馬拉松的報到會場設在曾為九八年冬奧會場的「長野 Big Hat（ビッグハット）體育館」；我與其他選手們在比賽前一天來此領取號碼布、逛

EXPO，在此之後，我便受邀去參加長野馬拉松的開幕大會儀式。就因為長野馬是具有國際指標性的賽事，大會開幕儀式上可說是「眾星雲集」！當我看到「日本之光」高橋尚子女士入場的時候，居然像個小粉絲一般興奮到起雞皮疙瘩！高橋尚子曾在二〇〇〇年雪梨奧運時為日本摘下馬拉松女子金牌，隔年她更在柏林馬拉松跑出兩小時十九分的驚人成績並奪冠！據說當時她可是全世界第一個跑進兩小時二十分之內的女子馬拉松選手。因為長野馬拉松，我才有機會與

高橋女士站在一起、甚至合照！這實在是莫大的殊榮啊……

比賽日當天早晨我來到起跑點的「長野運動公園」內暖身，這裡風光明媚、櫻花綻放，但我簡直緊張到快要吐出來……應該是說，我確認自己的身體狀況並不好（還未調整好夏威夷的時差）；若要能在大會時限五小時內完賽，真的得盡人事聽天命。前一日我有特地到七年才「御開帳」一次（開放密佛分身讓信眾參拜）的「善光寺」祈願，我把在善光寺求來的

1　能近距離見到日本之光高橋尚子選手真是莫大榮幸！我當場立刻變成小粉絲。

2　起跑前我在長野運動公園的田徑場小跑了幾圈暖身，當時感到頭昏昏的，可能因夏威夷時差尚未調整過來，身體狀態並不是很好……這讓我更緊張了……

3　起跑點的「長野運動公園」外風光明媚、櫻花綻放，早到的選手們紛紛在櫻花樹下休憩暖身。

「佛足御守」護身符掛在背後號碼布上，希望老天爺能保佑我順利完跑……這可是我第一次為了跑馬拉松而去「臨時抱佛腳」。

起跑前我與其他來賓選手們紛紛上台向大家揮手致意，然後上午八點三十分一到，起跑鳴槍聲響後，這大會時限五小時便就此開始倒數計時。由於長野馬共有八個關門點，算是關門閘口很密集的賽事；所以我的策略是「前半馬盡量在兩小時左右跑完」讓後半馬的時間充裕一點，因為如果我前半馬就用七分速的慢速配速跑，那後半馬若後繼無力（超過七分速）就完全沒機會了。長野馬的參賽跑者有一萬人，在起跑時與東京馬拉松一樣採用號碼布分區，號碼布英文字母越前面的人就代表跑速越快、會較早起跑，這是大型馬拉松賽事能讓動線流暢、預防賽道「塞車」的好方法。因為身為來賓選手，我是站在起跑線第一排起跑的，一開始我與號碼布開頭 B 區的菁英跑者們跑在一起……但沒想到過了短短十分鐘，我身旁的跑者已經變成 M 區的了……

「原來這就是被所有人『海放』的感覺啊……」我苦笑不已。

即使是 M 區的選手，還是一個接一個超越我，我的速度怎麼樣都快不起來。更丟臉的是，因為我是來賓選手，所以我的號碼布上印的並不是「號碼」，而是「直接寫著名字」……所以跑過我身邊的跑者、路旁加油民眾們都知道我是外國賓客！他們很熱情地為我應援，但我卻因為自己實在跑得太慢而覺得很丟臉，也因為無法好好回應別人的加油聲而深感愧疚。

長野馬的賽道坡度大致上都算平緩，風景更是美麗，放眼望去盡是黃澄澄的油菜花田，還有粉紅色的盛開桃花。更誇張的是，無論賽道行經都市還是鄉間，兩旁加油的民眾全程沒中斷過！除此之外還有信州地區的樂儀隊、太鼓表演，以及裝扮成「真田一族」武將的甲冑隊等等，著實令跑者們目不暇給。

或許是因為時間壓力讓我太過緊張，一直都有「脈搏性耳鳴」問題的我，居然因心跳過快，才跑不到十公里就產生了嚴重的耳鳴現象，耳鳴伴隨

著暈眩的感覺讓我非常痛苦……但此時我的跑速已經超過七分速了，如果為了舒緩耳鳴而慢下腳步就隨時有可能會被關門！我痛苦地撐到二十一公里左右的「中間點」，發現自己前半馬的完成時間是兩小時十六分，比我自己預期的目標大大落後了十幾分鐘！此時我更是心頭一涼……想著：「完了完了……難道這次真的會被關門嗎？」

怯弱的想法並沒有讓我的身體狀況好轉，反而加劇了緊張感，耳鳴也更嚴重。跑到三十六公里左右，我已經開始用步行的了，當下我不爭氣地哭了起來……心中充滿懊悔……我覺得我對不起一路上替我加油的民眾與跑者，還有在網路上從台灣替我隔海應援的網友們……就在此時，我看到身邊經過一群龐大的隊伍，原來是配速員衣笠明宏教

練帶領的五小時完賽組！我馬上加入他們的行列之中，以六分半速撐到了三十八公里，卻又因體力不支而再度脫隊步行。

記得在起跑之前，太陽是很強烈的，但起跑後全程卻都轉變為舒適的陰天，平均氣溫十五度，是跑起步來最舒服、最容易破 PB 的天氣。

「老天爺已經很照顧我了……被關門真的是因為自己沒有用……」我喪氣地對自己說著，然後又嚎啕大哭，淚水完全止不住……就在如此低落的情緒下，我通過了最後一個位於四十一點四公里處的關門點，我看了一下自己的 GPS 手錶，發現若要在五小時內完跑，就必須以六分速之內跑完這最後一公里，但當時我的身體狀況極差，要跑出五分速幾乎是不可能……

「媽的！都只剩一公里了！我真的對不起大家……」我開始狂飆髒話，心中湧出一股巨大的不甘心。就在這一瞬間，我身旁突然出現了一位白髮蒼蒼的老人跑者，不知為何他的號碼布是金色的？他踏著穩健的步伐，回頭對我說：「大丈夫！Follow Me ！」

……此時我心中響起一個聲音：

「大不了衝過終點就昏倒！」

是啊！衝過終點就昏倒，也比因剩下一公里而懊悔的好！我靠著意志力提起步伐狂奔，但因為耳鳴造成的暈眩與視線模糊，我也不確定自己到底有沒有跟上那位老先生……總之我就是狂衝、死命地狂衝……！最後幾公尺，我跑進長野奧運場館，瞥見身旁的學生們大聲且熱情地喊著加油，當我通過終點線時，大會計時器寫著四小時五十八分五十九秒……天啊！我做到了！我在大會時限一分鐘又零一秒之前完成了長野馬拉松！

在通過長野馬拉松的終點線之後，我因感動而淚流不止……因為自己的不放棄，讓我在大會時限前一分鐘又零一秒完成賽事。

當工作人員替我披上了完跑毛巾、掛上完跑獎牌後，我簡直泣不成聲，還數度回頭向終點線九十度大鞠躬，我真心充滿感謝，感謝每一位替我加油的人。此時大會主持人廣播說道「恭喜所有的來賓跑者都回來了！」；然後開始倒數計時。我與高橋尚子、西谷綾子、尾崎好美、WAINAINA Eric 選手一起在終點線前等待最後一位完跑的跑者，當那位跑者進入場館後，高橋尚子便立刻跑上前去拉著他的手一起通過終點線，然後舉手慶祝大會圓滿完賽！

繼二〇一三年名古屋女子馬拉松的初馬後，我好久沒有在跑完全馬後如此

感動落淚了……雖然因為身體狀況不佳，跑起來的過程非常痛苦，但這次的經驗卻讓我了解一個重要道理：「不到最後絕對不要說放棄！」

在賽後當天的傍晚，大會舉行了一場慶祝酒會（Farewell Party），當天以兩小時三十四分奪下女子冠軍的肯亞籍女選手 Beatrice Jepkemboi 居然主動來找我攀談，她問我跑得多快？我當下覺得非常害羞，很不好意思地說：「我跑得很慢……四小時五十八分……」

但 Beatrice 選手卻依然用她那充滿靈性的大眼盯著我，並微笑著回答：

「妳已經完成了不是嗎？妳應該感到驕傲。」⋯⋯是啊，我與第一名跑完了同樣的距離，我應該感到驕傲自信才對！ Beatrice 選手的回答讓我看到了頂尖運動員的氣度，這真是神性的一刻。

長野馬拉松不是我跑得最快的馬拉松，但絕對是我印象最深刻的馬拉松；因為跑得最辛苦，卻也受到最大的鼓勵。這次的經驗讓我知道辛苦得來的果實才真正甜美，用盡全力通過終點線的那一刻，是我人生中最圓滿的一刻。以後我還要再度參加長野馬拉松！但賽前更要努力精進、鍛鍊自己，因為這次最大的遺憾就是沒能好好回應、微笑以對每一位替我加油的人；下次我必定要帶著享受的心情再度挑戰這場高水準賽事！

1 2 3 4

1,2　當最後幾位跑者要通過終點線前，高橋尚子與西谷綾子紛紛跑上前去牽著那幾位跑者的手一起跑過終點線！最後高橋女士再拿起麥克風感謝所有大會人員，讓這場賽事圓滿結束。

3　雖然我是跑得最慢的來賓跑者，但我還是與高橋尚子、西谷綾子、尾崎好美、Eric Wainaina 選手們一起在終點線舉手慶祝大會圓滿完賽！

4　在閉幕酒會上，奪得女子冠軍的 Beatrice Jepkemboi 告訴我應該要為自己的完跑而感到驕傲，她讓我看到了世界頂尖選手的高度。

1　長野氣溫偏低，剛起跑時可以先套件拋棄式雨衣防寒，等到跑熱了再脫掉丟棄。

2　長野馬的補給水站很充足，但在十七點三公里之後才會有食物，補給食物是小麵包、香蕉、鹽那些較簡單的補給；所以建議跑者們還是要自備能量膠。

阿靖哥的長野馬拉松　參賽提點

3　雖然說「大會總時限」是五小時整，但其實只要有在時限前通過最後一個關門閘口（四十一點一公里處）也算是完跑，所以在完賽選手名單上，可以見到最後幾位跑者的完賽時間是五小時多一點。

4　大會時限五小時真的是很具有挑戰性，因為比賽當時可能會有跑去排隊上廁所、晚出發等突發狀況，所以強烈建議參加這場賽事的跑者，要有能在四小時三十分左右完跑全馬的實力。

5　跑者可以報名參加比賽後當天舉行的「閉幕酒會（Farewell Party）」，不但可以見到獲獎的頂尖跑者、來賓選手們，還可以參加抽獎；請跑者們在報名時多留意（有名額限制）。

NAGANO Marathon

住宿與交通建議

從台灣到達長野的方式

連接東京到金澤的「北陸新幹線」列車在二〇一五年三月正式開通營運，而長野車站也是其中一個重要站點。離長野最近的國際機場是「富山機場」，由富山坐新幹線到長野只要四十七分鐘；若從東京到長野也只要一百零二分鐘，實在是非常方便！旅跑者們可以選擇從台灣出發到「富山機場」或是從「東京」轉至長野。由富山機場到長野可以節省很多時間，是我比較推薦的走法；但台灣桃園機場直飛富山的航班不多，請在預定行程時多加留意。

北陸新幹線官網
hokuriku-w7.com

長野車站因為二〇一五年三月北陸新幹線開通而全面裝潢翻新，看起來相當漂亮；在建築設計上則是參考長野最具代表性的「善光寺回向柱」意象。長野馬拉松舉行的四月剛好是長野的春季，在長野車站門口能夠見到大片盛開的鬱金香。

長野馬拉松住宿建議

長野馬的起跑點位於離「北長野車站」較近的「長野運動公園」，而終點則在曾為奧運場館的「南長野運動公園」，在這裡大會有準備數班Shuttle Bus送跑者回到「長野車站東口」等地區。以生活機能便利性來說，跑者與其選擇住在起跑點「長野運動公園」周遭，倒不如住在「長野車站」附近，而長野馬拉松大會與長野車站這兒的多家飯店都有合作，在比賽日早晨將提供車子接送「房客跑者」到達起跑點；所以當旅跑者們在預定飯店時，可以事先詢問那間飯店是否有與長野馬拉松大會合作接駁服務？

二〇一五年第十七屆長野馬拉松大會的選手村是安排在「長野大都會飯店（Hotel Metropolitan Nagano）」，這間飯店位於長野車站旁邊，交通上十分便利，而馬拉松會後的閉幕酒會（Farewell Party）也在大都會飯店之內的宴會場舉行。

長野大都會飯店 Hotel Metropolitan Nagano
www.metro-n.co.jp

另外一個住宿選擇，是住在溫泉區的飯店，因為長野縣的溫泉也相當有名，值得特地前往一泡；旅跑者們可以在馬拉松之後改住在溫泉區，順便到「地獄谷野猿公園」參觀猴子泡溫泉的奇景。

「美湯の宿」是間值得推薦的溫泉旅館，只要從長野車站搭乘「長野電鐵」至「湯田中」站，再步行十分鐘即可到達，不想走路的話，也可以跟旅館預約從湯田中站到飯店的免費接駁車。館內的露天溫泉無色無味，具有療癒效果；料理相當好吃，還有當地精釀的啤酒可以喝。此外，全館客房內都有免費的 Wi-Fi 網路可以使用，而且速度相當快。

美湯の宿
www.yudanakaview.co.jp

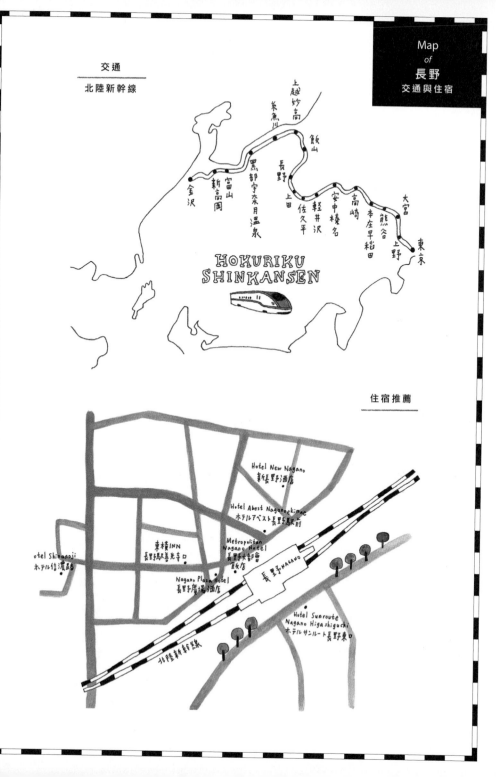

交通

北陸新幹線

上越妙高
糸魚川
飯山
黑部宇奈月溫泉
長野
富山
新高岡
上田
佐久平
輕井沢
安中榛名
高崎
本庄早稲田
熊谷
金沢
大宮
上野
東京

HOKURIKU SHINKANSEN

住宿推薦

Hotel New Nagano
新長野酒店

Hotel Abest Naganoekimae
ホテルアベスト長野駅前

otel Shinanoji
ホテル信濃路

東横INN
長野駅善光寺口

Metropolitan Nagano Hotel
長野大都會飯店

長野 NAGANO

Nagano Plaza Hotel
長野廣場酒店

Hotel Sunroute Nagano Higashiguchi
ホテルサンルート長野東口

北陸新幹線

長野縣觀光景點

猴子泡溫泉、九八年冬季奧林匹克場地！

長野縣位於日本本州中部的高原，由於大部分地區海拔較高，所以長野往往是日本繼北海道之後最早降雪的地方，而全日本標高三千公尺以上的高山共有二十一座，其中十四座在長野。就因為群山環繞、不靠海的內陸地形，長野成為日本本州的滑雪勝地，更在一九九八年舉辦了冬季奧運，躍身國際知名都市之列。除了山區自然景觀與都市建設之外，長野的歷史景點也相當多，其中在一千三百多年前建立的「善光寺」是全日本皆知名的古佛寺，供奉有日本第一尊靈佛像，七年才舉行一次的「御開帳」儀式更是盛大。

長野縣並沒有海鮮料理，最有名的物產是川魚、蘋果（收穫量是日本第二），以及以蘋果飼餵的高級和牛「信州牛」，還有「信州蕎麥麵」與馬肉料理等等。在戰國時代，長野所屬的「信濃國」地區成為名武將武田信玄與上杉謙信的爭奪之地，這也對此地的文化歷史產生重大影響。

對台灣人來說，長野最知名的地區為度假勝地輕井澤高原，還有地獄谷溫泉區的「野猿公苑」（也就是「猴子泡溫泉」的特殊景象）；冬季時，也會有大量台灣觀光客到立山黑部遊覽。就因為四季分明的美景、溫泉、美食，讓長野縣擁有很高的觀光價值。雖然長野馬拉松舉辦時期有可能遇上大降雪；也有可能遇上桃花、油菜花盛開的初春景象……但無論如何，這都是日本最美麗的馬拉松路線之一。

四月中旬日本本州地區的櫻花季已經過了，但因為長野縣海拔較高、氣溫較低，所以即使到了長野馬拉松賽季都還能見到櫻花盛開的景象。

一九九八年長野冬季奧運時的聖火台現在展示於長野市內，就因為舉辦了奧運，讓長野成為國際知名都市，也讓長野的都市建設發展得相當不錯。

景點

地獄谷野猿公苑

世界知名的猴子泡溫泉景象！

日本人喜歡泡溫泉是全世界眾所皆知的，但日本的野生猴子居然也有泡湯文化！你一定在明信片、旅遊雜誌上看過「猴子在雪地泡露天溫泉」的景象，而這景點就位於長野縣的地獄谷溫泉。猴子到底是從何時開始泡溫泉的呢？據說是一九六四年、地獄谷露天溫泉搭建完工之後，有幾隻充滿好奇心的小猴子偷偷跑來玩溫泉水，沒想到這一泡才發現，原來泡溫泉是件如此舒服的事啊！（而且長野地獄谷在高山上，天氣很冷……）這幾隻小猴子開始呼朋引伴，沒多久之後，地獄谷溫泉就被野猴群霸占了。

在歐美國家，地獄谷野猿公苑被稱為「Snow Monkey Mountain」，是個非常具有國際知名度的景點，而此地的觀光

1 2
3

客也以歐美人士居多，其次才是台灣人和其他亞洲地區遊客。來到野猿公苑有幾點要特別注意：不可以觸摸猴子、不可以餵食猴子、也不可以與猴子「四目相對」；因為畢竟這些猿猴都是野生動物，擅自接觸可能會有攻擊危險，但如果要拍照則是完全沒問題。

1　一九六四年，地獄谷的露天溫泉開業後，有幾隻好奇心旺盛的野猴跑來偷泡澡，沒想到牠們這才發現冬天泡溫泉居然是件如此舒服的事啊！幾經呼朋引伴之後，造就了這猴群泡溫泉的特殊景象。在野猿公苑架設有監視攝影機，大家只要上官方網站就可以看到此時此刻的狀態。

2　地獄谷野猿公苑雖然是世界知名的觀光區，每天都會有成千上萬的外國遊客來訪，但這裡還是保持著非常自然原始的景象。

3　野猿公苑的遊客比例之中以歐美人最多，其次才是台灣與其他亞洲人。或許是因為在歐美能看到「野生猴群」的機率比較低，更何況這些猴子還在泡溫泉呢！

Address　長野県安曇野市穗高 1692

Time　（四～十月）早上 8：45～傍晚 5：30

　　　（十一～三月）早上 9：00～下午 4：30

Web　www.daiowasabi.co.jp

景點

大王 WASABI 農場

全日本最大的山葵芥末觀光農場！

日本人的飲食文化中絕對少不了山葵（わさび）這一味，尤其是搭配海鮮生食料理的時候，而日本規模最大的山葵農場就位於長野縣安曇野市內。長野縣高山多、水質好，符合能培育出高級山葵的條件，質量最好、最大的山葵一根能賣到日幣三千元。雖然身為高價值經濟作物的山葵只能「一年一收」，但「大王わさび農場」的農地面積達十五公頃，每年能收成高達一百五十公噸的巨量山葵，實屬日本第一的觀光山葵農場。

大王山葵農場占地廣大，農場內就有餐廳、物產店等設施，其中還有販賣「山葵霜淇淋」、「山葵漢堡」等特色美食的小吃攤。農場的外國觀光客以台灣人為主，雖然新鮮山葵並不能帶回台灣（新鮮農產品都不可以帶回國），但邊吃邊看邊玩也能滿載而歸。

1
2
3

1　　大王山葵農場中最有名的景點，居然是國際大導演「黑澤明」作品《夢》的拍攝場景！黑澤明當時就是坐在一旁的大石頭上，手執導演筒，拍攝出電影中這古樸的水車一隅。

2　　農場出產的山葵是以大小與質量計價，等級最好的山葵一根要價日幣三千元。一般遊客來此是不能體驗「採山葵」的，但親切的「農場導遊」HAMA 先生卻讓我體驗了採山葵，意外地輕鬆呢！

3　　農場內除了有附設餐廳之外，還有小攤位在販賣一些用山葵製作的特色美食；其中最受歡迎的是「山葵霜淇淋」！這霜淇淋吃起來不但沒有山葵的嗆辣，反而多了種清香的感覺，是比一般香草霜淇淋還要好吃的絕品霜淇淋！

我在二〇一五年參加長野馬拉松時剛好遇上了善光寺七年一度的「御開帳」大典！在賽前一日我來到善光寺祈願，也觸摸到與佛菩薩連結的「回向柱」以祈求好運。

景點

善光寺

祕密供奉著第一個來到日本的佛像！

善光寺創建於皇極天皇三年（西元六四四年），至今已經有一千三百多年歷史，而信州善光寺之所以會成為「日本最具代表性的古佛寺」之一，是因為裡頭祕密供奉著第一個來到日本的靈佛像「善光寺阿彌陀三尊」（阿彌陀如來、觀音菩薩、大勢至菩薩）。為什麼說是「祕密供奉」呢？在日本的佛教文化中，有「絕對密佛」這樣的特殊供奉形式，無論任何人（包括住持在內）都絕對看不到這被供奉的佛像……而善光寺只有每七年會公開一次阿彌陀三尊的分身佛像，這盛大的儀式被稱為「御開帳」，由於這是信徒最能接近神尊的機會，因此每七年的御開帳期間，善光寺內總是聚集了來自日本全國各地的信眾與遊客。

御開帳的時間沒有固定，但通常只維持一個月左右就結束了，長野馬拉松至二〇一五年為止已經舉辦過十七屆了，但也只有遇上三次善光寺御開帳……我非常幸運地參加了二〇一五年的長野馬拉松，賽前一日去參拜，賽道路線也特別經過善光寺門前，難怪在跑的時候都有種「受到神明保佑」的感覺。下一次長野馬拉松要再遇上善光寺御開帳，就得等到二〇二一年了。

即使遇不上七年一次的御開帳，跑者們還是要來善光寺參拜一下；善光寺內有供奉「佛足跡」，相傳是復刻自釋迦牟尼佛的腳印，佛足跡能保佑大家「足腰健全」、「健足」，也就是對維持腰部、足部的健康特別有幫助……也因此，這裡理所當然成為馬拉松跑者們必來參拜祈願的地方！（長野馬拉松前一天更是有滿滿的跑者來排隊參拜呢！）在善光寺也能買到佛足跡的護身符，可說是跑者必備。

長野蕎麥麵名店「そば処 西屋敷」
看起來就是間古民宅，如果沒在
門前放上「營業中」的看板，還
真的會讓人不敢相信這是家手打
蕎麥麵餐廳。

美食

西屋敷

手工「十割」蕎麥麵！

自古以來，「蕎麥」在亞洲地區都是種健康食材，蕎麥麵中含
有「蘆丁（Rutin）」成分，可以緩解心血管疾病、促進血液
循環，但通常我們能吃到的蕎麥麵並不是由百分之百純蕎麥製
成，大都混有小麥粉（麵粉），而長野聞名的「信州蕎麥麵（信
州そば）」卻是以百分之百的純蕎麥粉製作而成，除了營養價
值較高之外，口感也非常獨特；不同於一般麵條因揉捏麵粉產
生的韌性，純蕎麥製成的蕎麥麵體則多了一份爽脆感。蕎麥麵
可說是長野縣的名產，當地人從戰國時期以前就開始食用蕎麥
麵了；而像「西屋敷」這種名店，賣的就是手打製成的「十割
蕎麥麵（百分之百純蕎麥麵）」。建議大家食用蕎麥涼麵，再
配上一碗煮麵水湯，口感絕佳又好消化，與在其他地方吃到的
蕎麥麵完全不一樣。

來到西屋敷建議點季節限定的招牌料理，長野馬拉松期間可以吃到的是「寒ざらし」（二月～四月限定），這是用特殊冬季蕎麥製作而成的蕎麥麵。除了蕎麥麵之外，小菜、醃漬菜，以及天婦羅都非常好吃。

長野和牛「信州牛」是吃蘋果長
大的，所以油花美麗、口感甘甜
柔軟；製作成壽喜燒最能享受到
箇中美味。

Address　長野県長野市南長野妻科 112-1
Time　　上午 11：00～下午 2：30，傍
　　　　晚 5：00～晚上 10：00
Web　　 www.sukitei.com

美食

すき亭

吃蘋果的和牛「信州牛」高級壽喜燒！

「和牛」這兩字幾乎就等於「世界最頂級牛肉」的象徵，而日
本各地都有自己的和牛品種，長野的和牛稱為「信州牛」；由
於這種肉牛在飼育過程中會餵食長野當地盛產的高級蘋果，所
以信州牛的肉質特別柔軟香甜。

「すき亭」算是長野最高級的和牛料亭之一，這裡的招牌就是
「信州牛壽喜燒」，這壽喜燒連醬汁成分內都含有長野蜜蘋果，
吃起來高雅芬芳而不膩口。雖然套餐一人份就要價一萬日幣以
上，但能在原產地吃到高級和牛還是非常值得嘗試的。

CHITOSE JAL
Marathon

北方大地的森林越野馬

北海道千歲馬拉松可說是一場不折不扣的「森林浴馬拉松」，起跑點位於千歲市青葉公園；全馬賽道中有足足三十四公里路程都跑在原始森林之中，雖然是初夏的六月，但氣候涼爽宜人

北海道千歳マラソン

———

舉辦日期 —— 每年六月上旬。

起跑地點 —— 千歲市青葉公園。

全馬終點 —— 千歲市運動中心。

賽事組別 —— 全程馬拉松 42.195 公里組，半程馬拉松組、十公里組、三
公里組。

大會時限 —— 全程馬拉松組六小時整（三個關門點）、
半程馬拉松組六小時。

官方網站 —— chitose-jal-marathon.jp

參賽人數 —— 全程馬拉松組四千八百人、半程馬拉松組三千五百人、十
公里組兩千四百人，三公里組六百五十人。（二〇一五年資料）

報名方式 —— 同年二到四月間開始開放報名。
1. 網路報名，在官網加入會員、信用卡繳費後確認報名。
2. 旅行社代辦報名。

費　　用 —— 全程馬拉松組六千日圓、半程馬拉松組五千日圓、十公里
組三千三百日圓，三公里組三千一百日圓。（二〇一五年資料）

賽道難度 —— 賽道坡度非常平坦、氣候宜人，但路面幾乎全為碎石子地
與泥土地，類似越野馬拉松的賽道，足底承受壓力較大。
部分路段較擁擠。

關 鍵 字 —— 森林浴。

以地理位置來說，千歲市可說是「北海道的入口」，主要是因札幌的主要機場「新千歲國際機場」位於此地，這座軍、民兩用的機場同時也是日本國內面積最大的機場；而有三十五年歷史的「千歲馬拉松」舉行地就在離機場只要十幾分鐘車程的「青葉公園」。千歲馬拉松路線行經「支笏湖國家公園」、「千歲川」，從起跑點開始一直到三十四公里處都是跑在原始森林之中，跑者眼前盡是一片新綠美景，伴著蟬鳴、鳥叫與潺潺溪流的流水聲……千歲馬拉松絕對不折不扣是場值得享受的「森林浴馬拉松」！

緯度較高的北海道一年之中有將近七個月的時間都在積雪，嚴寒的氣候並不適合進行滑雪之外的運動項目；但介於六到八月的短暫夏季，卻是最適合舉辦馬拉松賽事的季節。即使是夏天，北海道的平均溫度還是只有十五到二十五度，是非常適合跑步的氣溫，也因此，北海道的馬拉松賽事大都舉行於這段時間。換句話說，如果想要「在夏天也能涼爽地跑馬拉松」，來報名北海道的賽事準沒錯。

與日本其他賽事相比，千歲馬拉松可說是一場特別的馬拉松，特別之處不僅是因為有整整三十四公里的路線都跑在原始森林之中；一般來說，日本的賽事大都項目單純，往往只有「42.195公里全程馬拉松」單一組別選項，頂多再加個十公里的「趣味路跑組」，但千歲馬拉松卻有全馬、半馬、十公里、三公里等等相當多距離級別可選擇。雖然全程馬拉松組的大會關門時限是六小時，但中短程組別的時限卻非常充裕（半馬的時限也是六個小時），也就是說，千歲馬拉松是一場適合大人小孩全家同樂的賽事，即使跑不了馬拉松，來散步享受芬多精也行。

千歲馬的賽道有近九成都在森林之中，所以路面也絕對不是一般都市馬拉松常見的柏油路，反而是碎石子路以及少數泥土地。與普通賽道相比，

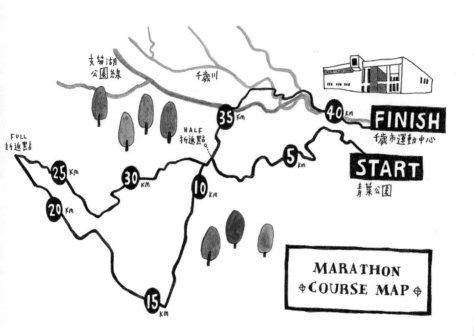

碎石子路跑起來的難度絕對比較高，除了因小石子滑動造成前進力量流失之外，還有可能因踩到較大石塊而摔跤或絆倒，凹凸不平的路面也會給足底筋膜帶來較大的壓力，所幸千歲馬拉松的賽道坡度極度平緩，路線高低爬升一百五十五公尺，但其實完全感

覺不出來有坡，跑來對心肺負擔相當小。千歲馬拉松每隔五公里才有一個水站、補給站，少了工作人員的地方相當靜謐，跑者能享受「越野馬拉松」的自然感，卻不用花太大力去爬坡，這絕對是場能讓跑者飽覽北海道初夏山林之美的優質賽事。

千歲馬拉松在起跑前會有樂儀隊的小
遊行，雖然身在山林之中，但的確有
國際級賽事的氣勢。

李彥廷

三十七歲，來自台灣嘉義，藥商

我與我的北海道千歲馬拉松

Q—你為什麼會想參加「千歲馬拉松」？

A—人生第一個海外馬，又在日本北海道，無論是環境及天氣應該很舒服，重點是靖哥帶路！

Q—你覺得「千歲馬拉松」的賽事有什麼特色？

A—印象深刻！安排的路線三十五公里在森林裡跑步，天氣環境很舒服，還有後段幾公里在溪邊，感覺就是在天堂路跑！路邊兩旁只要經過，會有日本民眾喊加油及擊掌！重點是對台灣跑者超級友善！

Q—你在參加「千歲馬拉松」的過程中有發生什麼有趣的事？或是令你難忘的事件？

A—千歲馬終點求婚，既緊張又怕受傷害，哈哈哈，還有很多的內心戲，因為準備不，到終點時雙腳有點快抽筋的跡象，單膝下跪時身心靈皆是挑戰。

Q—用一句話（二十字以內）形容「千歲馬拉松」吧！

盡情徜徉在森林浴裡，跑者的天堂！

淺菊類

三十二歲，來自台灣新北市，資訊人員

Q─你為什麼會想參加「千歲馬拉松」？

A─因為夏季之後就不會報台灣馬拉松任何賽事了，但是六月北海道天氣還是很涼快，所以就報千歲馬拉松囉，我記得那天起跑溫度約十四度，是一個很舒服的溫度。

Q─你覺得「千歲馬拉松」的賽事有什麼特色？

A─約有三十二公里路段是踩在碎石及泥土路上跑，接近輕越野馬拉松的感覺，全程路線都在森林裡，有吸不完的芬多精，補給方面有時還會看到軍人及軍方救護人員為大家服務，在路途上有時候還看到告示牌「熊出沒注意！」相當特別，另外在最後兩公里左右，兩旁有日本當地民眾架起烤肉架，喝著啤酒拿著烤肉串幫選手加油，但這段很讓選手又餓又糾結的一段路啊！

Q─你在參加「千歲馬拉松」的過程中有發生什麼有趣的事？或是令你難忘的事件？

A─當天一位全馬團員臨時起跑時跟我們大家說，跑完要在終點和女友求婚，那時剛好帶了相機要跑完全馬，心想我除了拍攝沿途風景外，還要注意相機電池能夠撐到終點幫他拍上人生最重要的一刻啊，就這樣給自己一

個任務起跑。另外跑到四十公里時遇到大腳丫跑團一位阿伯，看到我背後有帶上國旗，就上前跟我說，讓我們拿著國旗一起進終點吧，於是我們就一起拿著國旗進終點，結果到了終點，兩旁日本人歡呼了起來，用日文大聲喊台灣加油，還講了一些我聽不懂的日語，現場氣氛超 HIGH，超感動。然後進了終點我還不忘了趕快待命等待求婚夥伴進場，等了約快二十分後，終於看到團員拿著戒指進場和女友求婚，整個過程好溫馨好感動啊。

原來哥跑的不是馬拉松，是人生！

Q一用一句話（二十字以內）形容「千歲馬拉松」吧！

能讓你腳底按摩的擁有一座森林！

1 2
3 4

1　　千歲馬拉松的賽道特殊、風景優
美，氣候更是棒到不行，雖然路面難
度高，但依然是場討人喜歡的馬拉松。

2　　千歲馬拉松已經有三十五年的
歷史，在台灣也是場具有知名度的
賽事，有許多台灣跑者會特地前來
參加。如果穿著國旗衣來跑，還可
以得到特別熱情的加油聲。

3,4　　千歲馬拉松的賽道每隔五公里才
有一個水站、補給站，但因為氣候涼爽，
所以其實不太會有缺水現象。大會工作人
員非常熱情親切，甚至千歲軍事基地的阿
兵哥們也會加入補給與醫護行列。

阿靖哥的北海道千歲
馬拉松私房旅遊攻略

台灣六月的平均氣溫將近三十度,而我所居住的台北地區更是悶熱難耐,盆地效應加上高濕度交相作用,居民的體感溫度甚至能高達三十七度以上!在這種天候狀況之中,夏季想要輕鬆愜意地跑場馬拉松幾乎是不可能的任務⋯⋯相較之下,北海道六月的平均氣溫僅在十五到二十五度之間,剛好是最適合跑步的涼爽氣候。事實上北海道的馬拉松賽事大都在夏季六到九月之間,包括著名的「北海道馬拉松」也是在八月舉行,這對身處亞熱帶的我們來說真是難以想像。在因千歲馬拉松而來到北海道之前,極怕熱的我幾乎完全無法在台灣做長距離的路跑練習,所以這也是我第一次整整一個月沒練 L.S.D. 就貿然參加的全馬賽事;所幸出發前有聽聞千歲馬拉松的氣候舒適,而且大會時限六小時也不算緊迫,所以不至於會因練習不足而太過緊張。北海道夏季路跑賽事行程非常緊湊,除了有「千歲馬拉松」、「北海道馬拉松」、「函館半程馬拉松」等等,還有「薩羅馬湖一百公里超馬」這種進階版的賽事,但無論哪一場都是很搶手的熱門活動,畢竟盛夏能跑步的地方已經不多了,更何況是能舒舒服服地跑一場長距離馬拉松。

在全馬組起跑前,我與身兼名譽大會主席的千歲市長山口幸太郎先生分別上台向跑者致詞、鼓勵本地與外地的跑者們一同加油。

由於北海道對台灣人來說是個熱門觀光景點，而新千歲機場剛好是進出北海道首府札幌的入口，所以由台北直飛新千歲機場的班機還不少。我與同伴們在比賽前一日抵達北海道，同一架班機上就遇上許多也是特地去參加千歲馬拉松的跑友，雖然參與千歲馬拉松的台灣人不如「東京馬拉松」、「那霸馬拉松」那些大型賽事那麼多，但千歲馬在台灣跑友圈也是場頗有名氣的海外賽事。千歲馬拉松的主會場「千歲運動中心」距離新千歲機場只有十五到三十分鐘車程，這裡除了身兼賽前報到處、EXPO之外，也同樣是終點會場。

千歲馬拉松歷史悠久，二○一五年的這屆已經是第三十五屆了。起初千歲市這個小地方只因國際機場與軍事基地而為人所知，但現在也因優質馬拉松賽事而打響名號。在抵達北海道之前，我就已經收到要在起跑前與千歲市長一同上台致詞的通知，這邀請讓我感到十分榮幸，也很開心千歲馬拉松大會對於台灣跑者之重視。比賽當天早上我與同伴一起抵達起跑點「青葉公園」，眼前的景象著實讓我讚嘆不已……從來沒有在夏季來過北海道，我也從來沒想到北海道初夏的森林如此驚人翠綠！原始山林中枝葉參天，遮蔽住近中午的豔陽，只見些許藍天白雲，豎起耳朵還能聽見充滿生命力的蟬鳴；當時我想：「千歲馬果然如大家所說的一樣，是場很有特色

千歲馬拉松的賽道都在山林之中，沒有應援團也沒有加油民眾，如果怕無聊的話可以自備 MP3 運動耳機聽音樂跑。

終點「千歲市運動中心」也是報到會場，跑者們可以在前一天來此領取號碼布、晶片與紀念毛巾。EXPO 會場雖然小小的，但還是有販賣跑步裝備、能量食品等商品的廠商攤位。

起跑時我站在第一排，身旁都是些「練家子」……我真的很害怕龜速的自己會被撞倒，或是擋住那些菁英跑者啊……

的「森林浴馬拉松」啊！」

千歲馬與大部分的日本馬拉松賽事不同，它的距離組別特別多，除了全馬、半馬之外，還有十公里以及三公里的親子組賽事，無論大人小孩都能參加，而且除全馬之外，其他組別的關門時限都非常寬裕，就因為多了休閒跑者與小孩子的參與，讓千歲馬拉松的賽前氛圍少了「競爭之氣」，卻充滿溫馨愉悅的愜意感。比起其他馬拉松，千歲馬的起跑時間也算是比較晚的（全馬組的起跑時間在上午十點二十），或許是因為路線方面沒有什麼交通管制問題（大部分都跑在山林之中），而北海道正中午的氣溫也不會太高，所以跑者在起床後能有更充足的時間暖身，比起台灣動輒清晨五、六點就起跑的賽事，這樣的規劃顯得「有人性」多了。

在全馬組起跑鳴槍前十五分鐘，我與身兼名譽大會主席的千歲市長山口幸太郎先生分別上台向跑者致詞，我用日文、中文、英文三種語言做自我介紹，也鼓勵本地與外地的跑者們一同加油，致詞，完工作人員便帶我加入跑者行列做準備。可能是受眼前美景影響，參與這場賽事並不讓我感到特別緊張，但站在第一排起跑的壓力還是非常大……尤其當見到身旁都是些「練家子」跑者！早上十點二十分一到，大會立即鳴槍起跑，當下我能做的就是「盡全力閃到一邊去」！我怕被後面速度太快的跑者推倒，更怕因為自己的龜速影響到其他跑者的成績，在經過一陣驚慌的「逃竄」之後，終於順利躲到道路邊邊……我這才鬆一口氣，開始用自己的七分速持續跑著。

在參加千歲馬之前，我從來沒有跑過「越野賽事」，所以這種山林中碎石子地的道路觸感是我人生頭一遭體驗。相較於平滑的柏油路，碎石子地跑起來真的辛苦很多，除了會因石頭滾動而使前進變得更吃力之外，還有可能因踩到較大石塊而絆倒、扭傷；

在一開始跑者擁擠、道路較狹隘的地方，也有些風飛沙的問題。另外，初夏北海道的原始森林充滿「生命力」，跑著跑著就會有毛毛蟲掉到頭上，或是小飛蟲直撲臉頰，對害怕昆蟲的跑者來說，如果遇到這種情況應該會感到十分崩潰……嚴格說來，這場賽事並不適合拿來「破 PB」，反而比較適合以輕鬆的心情好好享受大自然的綠意、芬多精，與北海道的好空氣。就因為這場馬拉松的路線偏僻，所以也沒有什麼應援民眾會在賽道兩旁加油，路經每五公里一個的補給站前，跑者都可以自在享受山中的靜謐。

在起跑之前我曾擔心：「每五公里才有一座水站，這樣會不會很渴啊？」但當我跑了一段時間之後就發現，這樣的擔憂是多餘的；這整場賽事都有樹蔭遮蔽住陽光，而且道路坡度極度平坦（甚至全程都有種緩下坡的感覺），跑者不太會因心肺吃力而氣喘噓噓。水站除了提供運動飲料、開水，還有浸泡冰水的海綿讓跑者擦拭

降溫，即使當天根本就不熱，但能將臉上、身上的汗水、塵土擦乾淨，還是件相當舒服的事。令人眼睛一亮的還有「軍人志工」們，補給站中除了身穿紅色外套的千歲馬大會志工之外，還能見到不少穿著迷彩衣的自衛隊阿兵哥也在幫忙醫護，這應該是在軍事基地千歲才能看到的特殊景象。

我帶著輕鬆的心情與疼痛的腳底跑到了二十七公里，從這裡開始我發現足底能承受的壓力已經到達極限……由於一路踩著碎石子，讓自己感覺就像是跑在凹凸不平的腳底按摩「健康步道」上一樣，所幸我穿了大底較厚的鞋款，不然狀況應該會更慘。雖然這場賽事沒什麼人在一旁加油，但跑著跑著就能遇上零星台灣跑友，互相鼓勵之後又能令人提起精神。在跑了三十四公里讓腳底痛到極點的「碎石子地獄」之後，賽道終於轉入一般柏油路車道，至此真的有種「得救了」的感覺……從這開始到終點之前，賽道幾乎都是順著千歲川的溪流前進，

千歲馬果然如大家所說的一樣，是場很有特色的「森林浴馬拉松」啊！

潺潺流水聲療癒感十足，但就在我心想：「啊～就讓我帶著笑容半走半跑到最後吧！」的時候……頓時無預警地進入了另一個「地獄」……「烤肉地獄」！

夏季假日的千歲川河畔風景優美、氣候宜人，懂得享受生活的北海道人怎麼會放過這個機會呢？當然是攜家帶眷、舉家到此燒烤 B.B.Q. 啊～雖然此時已接近終點，但這整整近兩公里充滿烤肉香味的跑道還是令人感到又好氣又好笑……熱情的民眾一手拿著烤肉串、一手拿著啤酒在替跑者們大呼加油……我此時在心中大喊一聲：「我好餓啊！」然後便立即加快了腳步，彷彿忘記腳底的疼痛感般一路衝到終點……

千歲馬拉松是我跑過氣氛最悠閒的日本賽事之一，也是風景最優美的之一。在終點跑者們可以立即拿到完跑證明書，我看看自己的成績雖然慢得要命，但跑完這場賽事的心情可是好到不行。在當時一起赴日的台灣跑友同伴之中，居然有人跑完全馬還在終點單膝下跪向女友求婚！這實在讓人

感動！也令人發自內心地祝福他們的愛情也如這場賽事一般「長跑」，而且整路充滿美麗景色與愉悅感。

千歲馬拉松的路面雖然比較類似「越野賽事」，但難度比起真的越野馬拉松還是簡單許多，很推薦給想參加不同於一般都市馬拉松的人。在這 42.195 公里之中，我真正感受到北海道初夏的美麗大自然，夏季還能跑場如此舒服的森林馬拉松真的好幸福！

過半馬折返點後就一路都是緩下坡，再加上三十四公里之後的平坦柏油路面，讓「下半馬」比「上半馬」輕鬆多了。

過終點後，跑者們可以立即拿到完跑證明書，我看看自己的成績雖然慢得要命，但跑完這場賽事的心情可是好到不行。

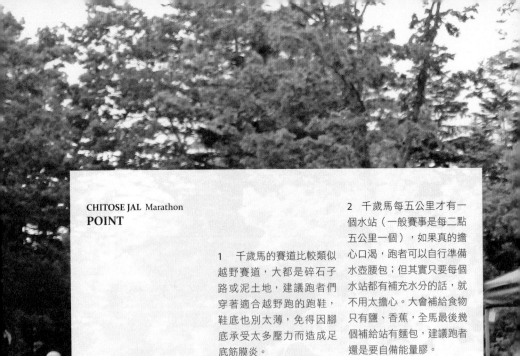

1　千歲馬的賽道比較類似越野賽道，大都是碎石子路或泥土地，建議跑者們穿著適合越野跑的跑鞋，鞋底也別太薄，免得因腳底承受太多壓力而造成足底筋膜炎。

2　千歲馬每五公里才有一個水站（一般賽事是每二點五公里一個），如果真的擔心口渴，跑者可以自行準備水壺腰包；但其實只要每個水站都有補充水分的話，就不用太擔心。大會補給食物只有鹽、香蕉，全馬最後幾個補給站有麵包，建議跑者還是要自備能量膠。

阿靖哥的北海道千歲馬拉松 參賽提點

3　在每五公里的補給站會有擺設幾間流動廁所，數量並不多。因為這場賽事的賽道位在偏僻山林之中，所以男性跑者們躲到樹叢中「解放」是能被允許的。

4　千歲馬的起點與終點就在隔壁，所以跑前寄物請直接到終點的千歲市運動中心即可。用什麼袋子都可以寄，是免費的服務。

5　因為夏季原始山林中的蟲子很多，建議跑者們還是要戴著帽子跑，免得蟲子從樹上掉下來時落進衣服中。

住宿與交通建議

在新千歲機場能吃到北海道各地的名
產拉麵，還有哆啦 A 夢主題樂園、
Royce 巧克力工廠等等⋯⋯強烈建議
旅跑者們在返台前提早到機場逛逛！

千歲馬拉松的會場離新千歲機場非常
近，跑者們可以在跑前一夜住宿於
千歲市的飯店，青葉公園旁的飯店不
少，其中「Hotel Grand Terrace」離
青葉公園最近，又是千歲馬拉松大會
贊助單位，因此特別推薦。但在完成
馬拉松之後的旅遊日，最好改住宿至
札幌市區，因為那兒方便熱鬧、生活
機能便利，可以探訪的景點又多。另
外也推薦至登別溫泉區住一晚，享受
輕鬆的泡湯時光。

另外值得一提的是，新千歲機場是一
個非常好逛的機場，在國內線航廈範
圍中有大量的美食餐廳、商店，還有
哆啦 A 夢主題樂園、Royce 巧克力工
廠，也能買到各式各樣的北海道伴手
禮⋯⋯強烈建議旅跑者們在返台前提
早到機場吃喝玩樂。

北海道觀光景點

日本的「外國」，充滿異國風情的北方都市！

北海道幅員廣闊，但因氣候寒冷，在過去一直被視為「化外之地」，只有遭流放的犯人、或是有意開拓新家園的冒險者才會來到這裡。明治時代日本政府決定大舉建設北海道，這個原被稱為「蝦夷地」的地區才正式成為日本面積第一大的一級行政區。也因為北海道是在明治時期才開發建設的，所以道內許多建築物都呈現當時流行的西洋式風情；與日本本州很不同，北海道內沒有什麼「日式古蹟」，反而多了一種寬闊、現代化的感覺，再搭配上歐洲建築物與基礎建設，更讓北海道感覺像是一個「小外國」般充滿異國風情。

北海道的觀光產業非常發達，無論外國人、日本本島人都很喜歡來北海道遊覽，冬日可玩雪、夏日可賞花，占北海道海外觀光人口第一的則是台灣觀光客。北海道的觀光屬性可依地區區分；「道東地區」地廣人稀，觀光資源亦以自然風景為主，位於中央的「道央地區」是較現代化的大都會，首都札幌、小樽運河、靠南部的登別溫泉區都屬於道央範圍。

雖然「北海道千歲 JAL 國際馬拉松」的舉辦地是位於千歲機場所在地「千歲市」，但千歲市的觀光點比較不豐富，所以建議旅跑者們把遊覽範圍拉到臨近的札幌市。在北海道觀光最好的方式是「開車自駕」，但有一個需要特別注意的地方，就是因北海道面積廣大，點與點之間的車程都會花上不少時間，而且道央地區的道路極度筆直，開車的時候很容易出現疲乏現象、甚至有可能造成意外，這是旅跑者們要特別注意的！另外，也不建議外地人在冬季的北海道駕車，因為冬季路面結冰，很容易造成車輪打滑，沒受過打滑訓練的外地人會不知道該如何處理。

札幌車站本身就是一個景點，特色除了車站內特別寬廣的空間之外，在大廳擺設的雕塑更是出自北海道名雕塑家安田侃之手；而這作品也是「北海道馬拉松」的完賽獎牌原型。

北海道登別

觀光景點

Address 北海道登別市登別溫泉町 224 番地
Time 依季節而有所不同，但大致為早上 8：30
到下午 4：00（最後入園時間為下午 3：
20），詳細營業時間請見官方網站
Fee 大人兩千五百九十二日圓，小孩一千兩
百九十六日圓
Web www.bearpark.jp

景點

登別熊牧場

與北海道巨熊近距離接觸！

要說北海道最具代表性的動物，那絕對非「熊」莫屬，在野生動物很多的北海道常常能看見「熊出沒注意（小心熊出沒）」的警告標語，北海道也以此特色開發了很多相關商品。事實上，在北海道看到野生的熊可完全不是件有趣的事……北海道的野熊並非一般亞洲地區常見的黑熊種類（體型中等，胸口有 V 字形白紋那種），北海道的熊是屬於「大棕熊」；身高超過兩百公分、體重超過三百公斤……是非常兇猛的肉食動物！而在登別熊牧場，觀光客可以近距離看見被飼養馴化的巨熊，卻不用冒著生命危險。在這裡遊客可以買「熊餅乾」、「鮭魚肉塊」來餵食巨熊，巨熊也會因討食而做出可愛動作。雖然這裡的熊熊不似野外同類擁有自由之身，但生活悠哉，卻也依然霸氣十足。

のぼりべつ
クマ牧場
WILDERNESS NATURE HOKKAIDO
熊出沒注意
MA IS THE MOST FIERCE WILD ANIMAL IN HOKKAIDO

1　2
　3
　4

1　北海道處處能見以「熊出沒注意」為主題開發的相關商品，在熊牧場也可以買到許多紀念品，拍紀念照的點也不少。

2,3　觀光客可以向櫃台、或自動販賣儲物櫃中購買「熊餅乾」與「鮭魚塊」餵食熊，在貼近熊的玻璃觀察區有設計能放零食的小洞，巨熊只要看到有吃的就會圍過來。

4　位於山頂的熊牧場能看到不遠處的火山湖「俱多樂湖」美景，來此的遊客可千萬不要錯過。

登別地獄谷屬於「支笏洞爺國家公園」
內的風景區，這裡屬於活火山「俱多
樂火山」的一部分噴氣孔。

Address　北海道登別市登別溫泉町無番地
Web　www.noboribetsu-spa.jp
　　　登別觀光協會官方網站

景點

登別地獄谷

登別溫泉最大的噴發區！

台灣北投地區有個「地熱谷」又名「地獄谷」，那是因為溫泉
硫氣出口的酸性硫磺泉氣味強烈、高溫煙霧瀰漫，令人聯想起
恐怖的地獄景象，所以才得此名。而北海道登別的「地獄谷溫
泉區」則是登別溫泉最大的噴發區，這自然景象尤其壯觀驚人。
地獄谷位於「支笏洞爺國家公園」內，屬於北海道活火山「俱
多樂火山（登別火山）」的噴氣孔；這裡被規畫了幾個完整的
行人步道，適合做自然地理觀測與踏青，遊客也可以近距離感
受地獄谷間歇性湧泉的熱氣。

登別溫泉街的商店豐富，可以在這裡買到不少北海道名產。這裡在非假日與淡季比較幽靜，但若遇上觀光旺季可是人山人海。

Address 北海道登別市登別溫泉町
Web www.noboribetsu-spa.jp
登別觀光協會官方網站

景點

登別溫泉老街

台灣人最喜歡的北海道溫泉區之一！

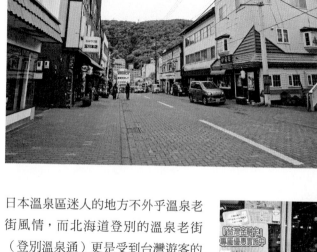

日本溫泉區迷人的地方不外乎溫泉老街風情，而北海道登別的溫泉老街（登別溫泉通）更是受到台灣遊客的極大歡迎。登別地區的開發雖然不如本島溫泉的歷史悠久，但溫泉街卻是非常好逛，幾乎所有北海道土產、伴手禮都可以在此購齊。這裡有相當多溫泉飯店，價位規模各有不同，遇上觀光旺季甚至會住滿台灣團客；除此之外也有些「溫泉錢湯（溫泉澡堂）」可供選擇。登別溫泉的泉質多達九種，這裡曾是日俄戰爭時期士兵養傷的地方，泉水可說是具有療癒效力。

登別溫泉區的台灣客相當多，這裡不但有「日台親善協會」辦公室，許多店家還提供使用台灣金融卡消費的專屬優惠。

登別

觀光景點

登別
地獄谷

登別
溫泉老街

・登別熊牧場

NOBORIBETSU
MAP

登別伊達時代村

景點

小樽運河周遭

如歐洲般的浪漫氣氛與玻璃工藝店！

小樽運河開通於一九二三年，這裡曾為北海道開發時期的金融區；戰爭之後，雖然因經濟蕭條而失去了運河的貿易運輸功能，但周遭的紅磚倉庫卻紛紛被改建為工藝品店或餐廳咖啡館；賦予了小樽地區全新的觀光價值。現在的小樽運河只有原本的一半長（另一半被填平成馬路），但依然是個歷史地標。小樽的樓房大都為明治時期仿照歐洲建築而搭建的「洋樓」，這也使得此地區充滿不同於日本的歐洲風情，玻璃工藝品、音樂盒、甜點都是來小樽必買的伴手禮。

小樽運河雖失去了運輸功能，但依然是最具代表性的觀光景點，在這裡能窺見過去小樽金融區的繁榮景象。

小樽充滿了明治時期興建的歐風建築物，此類洋樓建築被統稱為「浪漫館」，
這間「小樽浪漫館」也是個伴手禮店，而建築物的前身為「舊百十三銀行小
樽支店」，可見其金融區的歷史遺跡。

小樽音樂盒堂是來到小樽時必訪的店家，這棟建築物建於明治四十五（一九一二）年，充滿西洋風情；而門口的蒸汽鐘更是著名地標。

Addresss 北海道小樽市住吉町 4-1
Time 早上 9：00 ～傍晚 6：00
Web www.otaru-orgel.co.jp

購物

小樽音樂盒堂

展示千種以上音樂盒！小樽最佳伴手禮！

小樽是個充滿歐洲風情的地方，而這裡最有名的伴手禮就是玻璃工藝製品與手工音樂盒；其中販賣音樂盒的專賣店「小樽音樂盒堂（小樽オルゴール堂）」，更是像個博物館般，展示了千種以上的音樂盒。小樽音樂盒堂本館建於明治四十五年，外為磚瓦洋樓、內為挑高木造空間，可說是小樽地區的地標性建築物之一，另外音樂盒堂門口的「蒸汽鐘」更是有名，這座高五點五公尺、重達一點五噸的蒸汽鐘是在一九七七年由加拿大工藝師製作，每隔十五分鐘便會以蒸汽奏出五音階旋律報時。

小樽音樂盒堂內的商品琳琅滿目，什麼風格材質都有，作工精細卻價格合理，是觀光客來到小樽必買的伴手禮。

從 LeTAO 已來台展店，便可窺見其受歡迎程度；在小樽店吃到的霜淇淋，使用與招牌商品「DOUBLE FROMAGE」起司蛋糕同種的義大利式乳酪，香濃甜美，令人欲罷不能。

Address　北海道小樽市堺町 7 番 16 号
Time　　早上 9:00～傍晚 6:00（可能因季節有所變動）
Web　　www.letao.jp

美食

小樽 LeTAO

名物起司蛋糕與霜淇淋！

北海道受歡迎的甜點名鋪不勝枚舉，這家 LeTAO 更是已經來台灣拓點展店。LeTAO 最有名的商品為雙層起司蛋糕「DOUBLE FROMAGE」，香濃的乳酪口感令人魂牽夢縈，而在小樽可以吃到使用同種義大利式乳酪製成的霜淇淋，無論春夏秋冬都不減其美味。

Address 北海道札幌市中央区宮ヶ丘 474
Time 早上 9：00 ～下午 4：00（依季節有所不同）
Web www.hokkaidojingu.or.jp

美食

北海道神宮

守護北海道地區的「總鎮守」！

與日本本州那些動輒千年以上歷史的神社、古廟不同，札幌北海道神宮的本身歷史不長，但「歷史地位」卻很重要。明治三年（一八七〇年）日本政府在札幌建設了臨時神社，爾後也將明治天皇合祀於此，成為今日的「北海道神宮」。北海道神宮是北海道「社格」最高的神社，更被奉為北方地區的「總鎮守」；建造時為了象徵防禦俄羅斯，刻意將神宮正門向著東北方向。北海道神宮是札幌的著名賞櫻景點，社內也可免費享用名店六花亭的茶飲。

北海道神宮建於明治時期，為日本北方地區「社格」最高的神道教寺廟，並被奉為「總鎮守」，守護著北海道地區的安全與繁榮。來訪的台灣觀光客很多，不但設有繁體中文的籤筒（寫著「台灣語」），在官方網站中也有詳細的繁體中文內容。

湯咖哩是源自北海道的特色料理，強調咖哩湯如藥膳一般可以溫暖身心。札幌名店「PICANTE」特別受到北海道大學的學生喜愛，辣度、湯底、配料都可以自由選擇。

Address 札幌市北区北 13 条西 3 丁目アクロビュー北
大前 1F（此為北海道大學附近的本店位置，另
Time 有多家分店，詳見官方網站）
【北大本店】上午 11：00 到晚上 11：00
Web （最後點餐時間晚上 10：45）
www.picante.jp

美食

札幌 PICANTE 湯咖哩

風行北海道，用「喝」的咖哩！

「湯咖哩（スープカレー）」是發源於北海道札幌的特色料理，與傳統日式咖哩的濃稠不同，湯咖哩強調的是「可以用喝的咖哩」，所使用的辛香料也偏向具有暖身療效的藥膳。由於湯咖哩的製作不使用麵粉、鮮奶油，特別清爽的口感極受到新一代年輕人歡迎，也因此從北海道紅遍全日本，甚至近年來台灣也有出現類似店鋪。湯咖哩依店家不同，口味與食譜也都不同，可說是沒有標準統一的做法，而可以自由選擇「湯底」、「辣度」是主流做法。札幌湯咖哩名店「PICANTE」的特色在於配料選擇多樣，北海道特產的蔬菜與肉類常依季節而有所不同，怎樣都吃不膩。

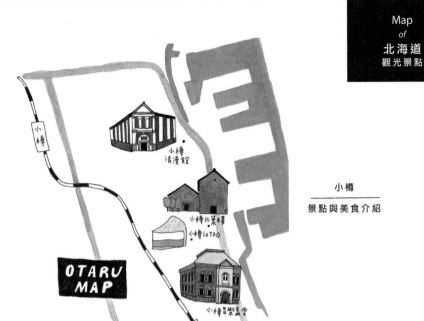

小樽
———
景點與美食介紹

札幌
———
景點與美食介紹

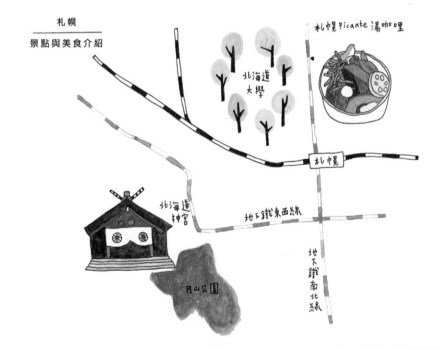

Ging's Notes

路跑賽事常見日語
小辭典。

走／走友會
跑／跑友俱樂部

マラソン
MARATHON、馬拉松（42.195 公里）

ハーフマラソン
HALF MARATHON、半程馬拉松
（21.0957 公里）

ファンラン
FUN RUN、趣味路跑

手荷物預けエリア
寄物處

コース／コースマップ
賽道路線／賽道路線地圖

参加料
報名費

閉鎖時間
關門時間（通常指分段關門時間）

スタート
START（開始、起跑線）

フィニッシュ
FINISH（結束、終點）

参加賞引換え
兌換參賽贈品

ペース
配速

Ging's Notes

你一定要弄懂的
路跑名詞大解析

【世界六大馬拉松】

世界六大馬拉松,也就是進入「THE WORLD MARATHON MAJORS(世界馬拉松協會
WMM)」評選之列的六場賽事。賽事總數有可能再增加,例如東京馬拉松就是在
二〇一三年那屆才被加入名單的(在此之前都是「世界五大馬拉松」)。這些賽事
本身必須極具代表性、菁英選手成績也要達到大會標準,才能被 WMM 選入。對世
界馬拉松跑友來說,能跑過這六場馬拉松將是重大的跑者生涯里程碑;也因此有不
少跑者以此為目標做訓練。目前這「六大馬(Big Six)」分別為:紐約馬拉松、芝
加哥馬拉松、波士頓馬拉松、倫敦馬拉松、柏林馬拉松,以及唯一在亞洲的東京馬
拉松。其中,「波士頓馬拉松」因有著極高的參賽標準(業餘選手也必須達到成績
低標),而成為六大馬中入手難度最高的賽事。

【IAAF】

IAAF 為國際田徑聯合總會(International Association of Athletics Federations)的簡
稱,總部位於摩納哥。IAAF 每年會發出金牌、銀牌、銅牌三種級別的「路跑標籤認證」
給予優秀賽事;這些賽事必須要有一定數量的國際菁英選手達到個級別成績低標。
台灣目前唯一獲得 IAAF 銅牌認證的賽事為「萬金石馬拉松」,而世界六大馬拉松皆
為金牌賽事。經 IAAF 認證的賽事除了代表大會品質優良,路面坡度也相對平坦(所
以才會有這麼多選手跑出優秀成績);建議跑者可以此憑證作為選擇馬拉松路跑賽
的依據之一。

【PB】

「PB」二字為「Profession Best Record(個人最佳紀錄)」的簡寫,所以也可以稱做
「PR」,但台灣一般比較習慣講「PB」。例句:「我全馬 PB 是四小時三十分」、「奧
運國手張嘉哲的 PB 在中國鄭開馬拉松達成。」

【補給】

路跑賽中所謂的「補給」是指馬拉松大會提供的給食，包括賽道沿途的水站、食物站。如果是一般民眾（非馬拉松大會人員）在賽道沿邊贈與跑者的飲食，會稱為「私補」。例句：「東京馬拉松的官方補給只有香蕉跟水，但私補有巧克力、飯糰等等。」

【關門時限】

「關門時限」指的是路跑賽、馬拉松賽事的大會時限，也簡稱「關門」；因沒有在時限內完跑而失去資格的狀況可以稱作「被關門」。通常馬拉松大會為了不影響道路交通，或是想界定比賽的難易度，都會訂定「大會時限」；日本的賽事更是常見「分段關門」，也就是跑者必須在指定時間內跑到一定距離，不然就會失去資格，例句：「東京馬拉松每五公里有一個關門點，但大會總關門時限是七小時。」

全世界賽事的關門時限相差甚遠，跑者在參賽前一定要注意大會規章，免得報名到難度太高的賽事，一不小心被關門了總是會影響到心情。

【步速、幾分速、配速】

跑步的速度可以量化為「步速（Pace）」，步速的單位與一般所謂的「速度」相反，速度是「距離／時間」，譬如一小時可以跑幾公里；步速剛好相反，是「時間／距離」，譬如一公里需要幾分鐘。例如我一公里要跑七分鐘，我就可以說我現在是「七分速」。

另外，在跑馬拉松時常會聽到人提起「配速」，那是因為長距離賽事必須要經過縝密的規劃以保留體力，不似短跑能盡全力衝刺，所以馬拉松跑者會將「步速」做一個分配。例句：「我在一到二十一公里時會把配速壓在七分速，過半馬後再用六分速的配速跑。」

【EXPO】

在馬拉松賽事中提到的 EXPO 指的是「賽前博覽會」，日本的馬拉松或路跑賽舉行前，大會會在選手自助報到的服務處順便舉辦博覽會，EXPO 中通常有贊助廠商的宣傳攤位，還有運動用品、能量食品廠商的攤位，跑者可以在這裡購物，甚至能買到賽事大會的官方限量商品（T-Shirt、毛巾等等）。EXPO 規模依大會不同相差甚大，鄉下地方的賽事可能只有一兩個攤商，而東京馬拉松的 EXPO 則是全世界最盛大的。

【完走證明】

只要是有採「晶片計時」的馬拉松賽事，在跑者完成比賽後，都會發給跑者「完賽證書」，證書上會印出日期、賽事大會名稱、跑者姓名、年齡組別、參加賽事組別（全馬、半馬等等），以及最重要由晶片計測出來的完跑時間，只有沒棄賽、犯規或被關門的跑者才能拿到完賽證明。

有些賽事的完跑證明是電子檔寄出，而日本的賽事大都會以紙本列印出來。「完走證明」是「完賽證書」的日文漢字寫法。

【L.S.D. 長距離慢跑】

L.S.D. 三個字母是「Long Slow Distance」的縮寫，中文意思是「長距離慢跑」。這個訓練法不但能增加心肺能力、還能提升長時間運動的耐力，是馬拉松跑者絕對不可或缺的訓練項目。訓練方法很簡單，基本上就是以比平常慢的跑速（可以與人正常交談、不會喘的速度），連續跑個一百二十分鐘以上，如果是為了全程馬拉松做準備，可以試著跑一百八十分鐘到兩百四十分鐘以上。訓練過程中要注意水分補給，中途不要停頓（除非上廁所）。建議每個月至少兩次，賽前可提升至每周一次。

旅跑‧日本：歐陽靖寫給大家的跑步旅遊書
/ 歐陽靖著 .
-- 初版 . -- 臺北市 : 大塊文化 , 2015.09
面 ；　公分 . -- (catch ; 218)
ISBN 978-986-213-624-9(平裝)
1. 馬拉松賽跑 2. 旅遊 3. 日本

528.9468　　　　　　　　　　　　　104014174

catch　218
旅跑‧日本：歐陽靖寫給大家的跑步旅遊書

作者：歐陽靖
封面攝影：陳敏佳
攝影：歐陽靖
插畫：FANYU
責任編輯：鍾宜君
美術設計：三人創制
校對：呂佳真

法律顧問：全理法律事務所董安丹律師
出版者：大塊文化出版股份有限公司
台北市 105 南京東路四段 25 號 11 樓
www.locuspublishing.com
讀者服務專線：0800-006689 TEL：(02) 87123898
FAX：(02) 87123897
郵撥帳號：18955675
戶名：大塊文化出版股份有限公司
e-mail:locus@locuspublishing.com
總經銷：大和書報圖書股份有限公司
地址：新北市新莊區五工五路 2 號
TEL：(02) 89902588（代表號）　FAX：(02) 22901658
製版：瑞豐實業股份有限公司
初版一刷：2015 年 9 月
定價：新台幣 350 元